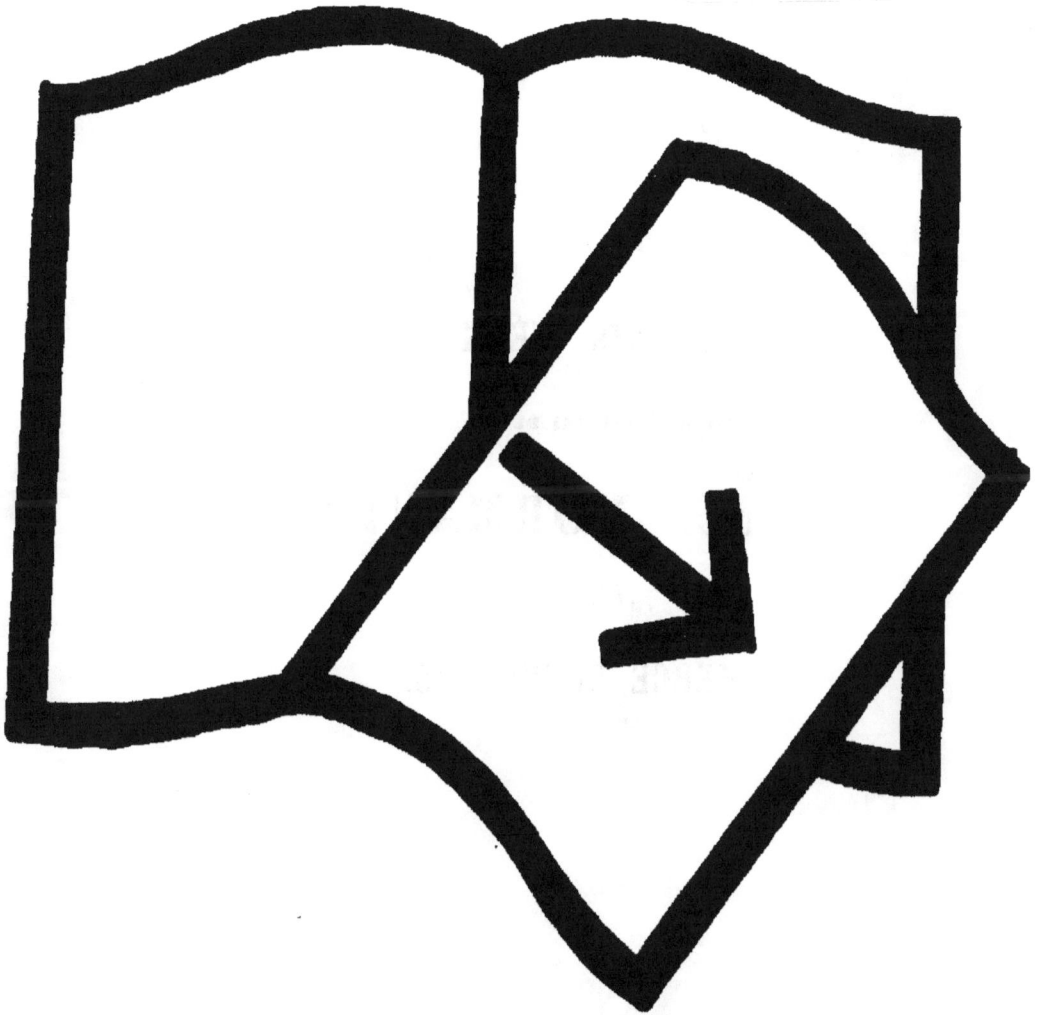

Couvertures supérieure et inférieure
manquantes

# DOCUMENTS INÉDITS

POUR L'HISTOIRE DE LA

# MARINE NORMANDE

ET DU

## COMMERCE ROUENNAIS.

# DOCUMENTS

## AUTHENTIQUES ET INÉDITS

### POUR SERVIR A L'HISTOIRE DE LA

# MARINE NORMANDE

### ET DU

# COMMERCE ROUENNAIS

## Pendant les XVI⁰ et XVII⁰ siècles

### Par E. GOSSELIN

Greffier-Archiviste du Palais de Justice de Rouen.

## ROUEN

## IMPRIMERIE DE HENRY BOISSEL

Rue de la Vicomté, 55.

—

## 1876

# NOTICE SUR M. GOSSELIN.

M. Gosselin (Édouard-Hippolyte) naquit à Paris, le 30 novembre 1811, de parents originaires de Rouen.

Après sept années de service actif, dont trois furent passées en Afrique, dans un bataillon de zouaves, il vint se fixer à Rouen, auprès de sa mère qui était devenue veuve et qu'il entoura toujours de la plus tendre vénération. Il entra d'abord, comme simple employé, dans les bureaux de la Préfecture, et, deux mois après, au greffe de la Cour d'Appel, où il se fit remarquer par son caractère franc et ouvert et par sa grande application au travail. Il eut le bonheur d'y rencontrer des chefs bienveillants, d'obligeants camarades et un véritable ami dans la personne de M. Lintot, qu'il remplaça comme greffier audiencier en 1849. Plus tard il obtint la fonction de secrétaire de la questure de la Cour et le titre de conservateur des registres de la Chambre des Notaires.

Cette position modeste suffit à son ambition, et

l'on peut dire que, s'il en a tiré quelques avantages, il l'a singulièrement relevée par son mérite personnel et par les travaux auxquels il a attaché son nom.

Une circonstance que nous devons rappeler décida sa vocation pour les études historiques, auxquelles il paraissait assez mal préparé par ses occupations antérieures.

Il y a une trentaine d'années, il existait, sous les combles du Palais-de-Justice, un amas considérable de papiers dont la destruction était depuis longtemps instamment réclamée. Dès 1840, le Conseil Général du département avait émis le vœu que le gouvernement pût accorder une allocation afin de procéder au classement, devenu indispensable, des archives de la Cour Royale. Le 12 février 1848, le doyen des présidents signalait aux commissaires inspecteurs de la Cour « ces tas de papiers en pourriture, qui étaient en même temps qu'un foyer d'infection un sujet d'inquiétude. » Il les pressait d'aviser « à l'enlèvement de ces chiffons presque sans valeur. » Une commission nommée par le préfet, le 7 novembre de la même année, prit en considération la demande de la Cour, et exprima le vœu que les papiers en question « fussent mis à la disposition du Domaine, pour la vente en être faite sous le contrôle et la surveillance de personnes qui seraient désignées dans l'intérêt de la Cour et du département. » Les mesures de précaution proposées pour assurer la conservation des documents utiles parurent mal définies et insuffisantes, et cet avis ne fut point suivi.

Une nouvelle commission fut nommée par le préfet en 1851. Voici ce qu'on lit dans le rapport de l'un de ses membres, lequel avait été chargé de remplacer M. Auguste Le Prévost, membre de l'Institut, et avait consacré plusieurs journées à l'examen des papiers de rebut entassés dans les greniers du Palais-de-Justice :

« C'est un pêle-mêle qu'il faut avoir vu pour s'en faire une juste idée, tant l'amas est considérable, poudreux, putréfié et nauséabond. Nous en avons évalué le volume à 75 ou 80 mètres cubes. La poussière, l'humidité, la chaleur excessive qu'il fait dans ce lieu pendant l'été, l'espèce de décomposition qui se produit par suite de l'entassement, ont amené la perte de plus de la dixième partie des pièces qui composent cet énorme dépôt. Il importe qu'un tel état de choses ait un terme, et cela pour plusieurs raisons. M. Boivin-Champeaux, conseiller à la Cour, nous a entretenus des craintes qu'il avait éprouvées lorsqu'on s'occupait de renouveler la couverture du Palais-de-Justice. Une étincelle échappée de la pipe d'un ouvrier pouvait causer un incendie dont il eût été fort difficile de combattre la violence, et dont les conséquences eussent été irréparables. Ne serait-il pas très imprudent de laisser subsister un danger aussi sér   : pour un édifice que l'on considère à bon droit comme l'un des plus beaux monuments de la ville de Rouen. Si ces pièces, d'ailleurs, devaient demeurer ainsi entassées, à quoi pourraient-elles servir? De jour en jour elles se détériorent, et se détruisent par l'effet des causes que nous venons de mentionner; elles n'auront aucun intérêt pour la science, tant qu'elles resteront dans un état de confusion tel qu'il n'est possible ni de les signaler ni de les consulter. Les proscrire en bloc, sans un examen préalable, serait, qu'il me soit permis de le dire, un parti peu digne d'une grande ville où les études historiques sont depuis longtemps en honneur, un acte de vandalisme dont personne, nous le croyons, ne voudrait accepter la responsabilité. Il faut donc qu'un triage et un classement aient lieu le plus promptement possible. Tous les départements de l'ancienne Normandie sont intéressés à cette mesure, puisque le ressort du Parlement, de la Cour des Aides et de la Chambre des Comptes s'étendait à toute la province, et que les fonds de ces Cours souveraines, joints aux procédures qui se trouvaient, à l'époque de la Révolution, dans les mains des procureurs et des conseillers rapporteurs, composent la majeure partie de ce dépôt. Il est juste, toutefois, de reconnaître que la Seine-Inférieure y est tout particulièrement intéressée, parce que ce dépôt contient, en outre, un résidu des fonds des bailliages, des amirautés, des maîtrises des eaux et forêts, des greniers à sel et des hautes justices établis dans la circonscription de ce département. »

Les conclusions de ce rapport furent adoptées à l'unanimité. Sur la demande du préfet, le gouvernement accorda 3,000 francs pour le dépouillement de papiers entassés dans les combles du Palais-de-Jus-

tice ; le Conseil général de la Seine-Inférieure vota,
de son côté, 2,000 francs, et celui du département de
l'Eure, 1,000 francs, en conséquence du vœu par lui
émis en 1850, « que les départements composant
l'ancienne Normandie associassent leurs efforts pour
le classement des archives de toute nature qui seraient
amoncelées dans les greniers des édifices publics de
la ville de Rouen. »

M. Gosselin fut chargé de ce travail par arrêté pré-
fectoral du 1er juillet 1853, et, sans se laisser rebuter
par les difficultés de la tâche, il le mena avec une
telle activité, que le triage fut achevé et l'opération
terminée avant le terme prévu, dès le mois de février
1859. Grâce à ses soins, les collections des archives
du Palais-de-Justice furent complétées dans une
certaine mesure. Des registres égarés reprirent leur
place sur les rayons ; bon nombre de documents intéressants, parmi lesquels une longue lettre autogra-
phe de Pierre Corneille, furent déposés aux Archives
départementales de la Seine-Inférieure et de l'Eure.

L'attrait que les savantes publications de M. A.
Floquet avaient inspiré à M. Gosselin pour les recherches historiques se trouva naturellement excité
par les découvertes auxquelles ce dépouillement
donna lieu, et ce fut à partir de là qu'il se dévoua
complétement à l'exploration des archives du Palais-
de-Justice.

Indépendamment des notes manuscrites très nombreuses qu'il a laissées et qui sont devenues, fort
heureusement pour le public, la propriété de la Cour

d'appel, M. Gosselin a composé, soit d'après les archives du Palais, soit d'après les registres du tabellionage de Rouen, les ouvrages suivants publiés, les
uns dans la *Revue de Normandie*, dont il fut, de 1861
à 1869, l'un des rédacteurs les plus goûtés et les plus
féconds, les autres, dans les Mémoires de l'Académie
des Sciences, Belles-Lettres et Arts de Rouen

*Pierre Corneille (le père , maître des eaux et forêts,
et sa maison de campagne;* Rouen, Cagniard, 1861,
43 pp.

*Simples Notes sur les anciens théâtres de Rouen, du
XVI* au XVIII* siècle inclusivement;* Rouen, Cagniard,
1863, 47 pp.

*Les barbiers et les chirurgiens en Normandie avant
1792 et documents sur l'anatomie, suivis de l'origine
des réverbères;* Rouen, Cagniard, 1864, 30 pp.

*Les petits sorciers du XVII* siècle, et la torture avant
l'exécution;* Rouen, Cagniard, 1865, 25 pp.

*Particularités de la vie judiciaire de Pierre Cor-
neille, révélées par des documents nouveaux;* Rouen,
Cagniard, 1867, 15 pp.

*Un épisode de la jeunesse de Pierre Corneille;* Rouen,
Cagniard, 1867, 12 pp.

*Journal des principaux épisodes de l'époque révolu-
tionnaire à Rouen et dans les environs, de 1789
à 1795;* Rouen, Cagniard, 1867, 219 pp.

*Des usages et mœurs de Messieurs du Parlement de
Normandie au Palais de Justice;* Rouen, Cagniard,
1868, 103 pp.

*Recherches sur les origines et l'histoire du théâtre à Rouen, avant Pierre Corneille;* Rouen, Cagniard, 1868, 81 pp.

*Glanes historiques normandes. Simples notes sur les imprimeurs et libraires Rouennais,* xv⁰, xvi⁰ *et* xviiⁱ *siècles;* Rouen, Cagniard, 1869, 128 pp.

*Glanes historiques normandes à travers les* xv⁰, xvi⁰, xviiⁱ *et* xviiiⁱ *siècles. Documents inédits sur la Bouille et le bateau de Bouille, sur les potiers, briquetiers, tuiliers et les émailleurs de terre à Rouen;* Rouen, Cagniard, 1869, 50 pp.

*Du prix des denrées comparé au salaire journalier des artisans, de 1489 à 1789;* Rouen, Cagniard, 1869, 15 pp.

*Lit de justice tenu par Louis XIII en son Parlement de Rouen, le 11 juillet 1620;* Rouen, Cagniard, 15 pp.

*Acte authentique constatant la présence de Molière à Rouen en 1643, avec fac-simile de l'écriture de Molière;* Rouen, Cagniard, 2 pp.

Ces mémoires ont été publiés dans la *Revue de Normandie*, et ensuite tirés à part, à l'exception toutefois des *Notes sur les imprimeurs et libraires*.

*Le Palais de Justice et les procureurs près le Parlement de Normandie, 1865;* Rouen, Boissel, 56 pp.

*Nouvelles glanes historiques normandes puisées exclusivement dans des documents inédits (Les Normands au Canada; Recherches sur les anciens bureaux de police de Rouen).*

Suite du même mémoire relatif *à la police des pauvres
et a la police de la peste, 1873, 1874;* Rouen,
Boissel, en tout 157 pp. Éditeur M. Augé.

*Les plaids à masse;* Rouen, Boissel, 1874, 20 pp.

*Le château de la Motte en la vallée d'Yonville;* Rouen,
Boissel, 1876.

Ces cinq derniers mémoires furent publiés dans
le Précis analytique des travaux de l'Académie de
Rouen, et ensuite tirés à part, à l'exception de la
Notice sur le château de la Motte.

Tous ces ouvrages, sans exception, sont précieux
à consulter, à cause des documents, pour la plupart
inédits, qui s'y trouvent reproduits ou analysés. L'acte
constatant la présence de Molière à Rouen, le marché
qui révéla, en un artiste rouennais à peu près inconnu,
Massiot Abaquesne, l'auteur incontestable des pavés
émaillés du château d'Écouen, furent surtout remar-
qués. Le mémoire intitulé *Pierre Corneille* (le père), etc.,
appela l'attention publique sur le modeste logis que
notre grand tragique avait habité dans sa jeunesse, et
qui devenait plus précieux, par suite de la démoli-
tion regrettable de la maison de la rue de la Pie. Déjà
l'existence de ce logis et la preuve de sa possession
par la famille Corneille avaient, il est vrai, été établies
par M. Ballin, dans son *Essai de la statistique du
Grand-Couronne,* d'après les recherches de M. Le-
gendre. Mais cette découverte était passée inaperçue.
Le Mémoire de M. Gosselin eut le mérite de la re-
mettre en lumière et l'heureuse chance de rencontrer.

en M. Frédéric Deschamps, un lecteur qui en comprit l'intérêt et sut le faire comprendre à ses collègues du Conseil général. C'est à la généreuse initiative de M. Deschamps que l'on doit la conservation de la maison du Grand-Couronne, devenue propriété départementale et récemment restaurée de la manière la plus heureuse, aux frais du département, par M. Desmarest.

On sait que les autres mémoires relatifs à Corneille ont fourni de précieux renseignements aux nouveaux biographes de notre poëte. On sait aussi que l'opuscule : *Le Palais-de-Justice et les Procureurs*, et le mémoire portant pour titre : *Des usages et mœurs de Messieurs du Parlement*, forment comme le complément nécessaire du grand ouvrage de M. A. Floquet.

Les *Recherches sur les origines et l'histoire du Théâtre à Rouen avant Corneille* furent écrites en réponse à la question proposée, comme sujet de concours, par l'Académie de Rouen, et furent couronnées par elle, sur le rapport de M. Deschamps, lu en séance publique.

Cette Société savante avait admis M. Gosselin parmi ses membres, le 4 février 1870. La Société Rouennaise des Bibliophiles le choisit pour président, au moment de sa fondation, et ce fut pour elle qu'il édita, en 1871, le *Discours du siége de la ville de Rouen au mois de novembre* 1591, imprimé à Rouen, chez M. Boissel. Une autre Société, celle de l'Histoire de Normandie, l'élut membre de son Conseil en 1875. M. Gosselin appartint aussi, pendant plusieurs années, à la Société des Antiquaires de Normandie.

Il avait été nommé officier d'Académie le 19 août 1875.

La vie sédentaire à laquelle il s'était condamné, surtout depuis qu'il logeait au Palais-de-Justice, altéra sa santé et eut enfin pour conséquence une grave maladie, dont les premières atteintes se firent sentir au mois de juin 1875. Malgré les soins dont l'entourèrent trois fils affectueux et une femme du dévouement le plus admirable, cette maladie s'aggrava et nécessita une opération cruelle, qu'il supporta de la manière la plus courageuse et avec assez de sang-froid pour pouvoir compter exactement, seconde par seconde, le temps de sa durée. Cette opération prolongea sa vie, mais ne put rétablir sa santé qui resta chancelante et exposée à de perpétuelles défaillances. Cependant il se montra toujours non-seulement résigné, mais affable et gai, s'entretenant volontiers avec ses amis et prenant toujours le même intérêt aux études qui avaient passionné les dernières années de sa vie. Cloué sur son lit pendant des semaines entières, on le voyait, dès que ses souffrances lui laissaient quelque trève, repasser les notes qu'il avait recueillies, les classer du mieux qu'il pouvait, et en ébaucher l'analyse d'une main mal assurée. Ce fut dans cette position qu'il composa les Recherches qui paraissent en ce moment, en tête desquelles figure cette simple Notice, écrite par un homme qui l'a beaucoup aimé et qui a été à même d'apprécier les rares qualités de son esprit et de son cœur.

M. Gosselin est mort à Rouen, le 8 novembre

1876. Il vit arriver sa fin avec une parfaite sérénité d'âme, en homme de foi et de courage, dont toute la vie avait été exempte d'envie, consacrée au travail, et animée par le sentiment du devoir et par le respect de la religion.

Nous ne pouvons mieux finir cette Notice qu'en empruntant quelques lignes au discours prononcé sur la tombe de notre regretté confrère, par M. l'abbé Julien Loth, secrétaire de l'Académie de Rouen :

« Fut-il un écrivain, ce consciencieux érudit, et chercha-t-il à envelopper sa science des formes séduisantes d'un style harmonieux et délicat? Nul ne s'en occupera vraiment, en considérant l'importance et le nombre des matériaux qu'il a préparés pour l'édifice de notre histoire. Ce que tous savent, c'est qu'il était de cette race de savants aimables, modestes, bienveillants, prêts à tous les labeurs et à tous les services, qui mettent leur joie à obliger et à instruire, et dont la bonté serait moins vite épuisée que le savoir. »

CH. DE BEAUREPAIRE.

# DOCUMENTS INÉDITS

## POUR SERVIR A L'HISTOIRE

### DE LA

# MARINE NORMANDE

### ET DU

## COMMERCE ROUENNAIS.

————

I

Dans son *Histoire du Commerce maritime de Rouen,
depuis les temps les plus reculés jusqu'à la fin du XVI<sup>e</sup> siècle*, M. Ernest de Fréville nous a raconté, non-seule-
ment les faits spéciaux à la ville de Rouen, à son commerce, à ses entreprises commerciales, aux excursions lointaines de ses marins, à leurs relations avec
l'étranger, mais encore il nous a appris comment, à la
suite des invasions des Scandinaves et de l'établissement des Normands dans la Neustrie, la force des
choses avait établi promptement, entre les habitants
de cette vaste contrée et les hommes du Nord, des
communications fréquentes, des échanges de denrées

1

et de marchandises diverses dont tout le pays profitait. L'impulsion, ainsi donnée, se soutint durant plus de deux siècles, et l'on pourrait placer la plus brillante période du progrès de la navigation normande, entre le xıı° et le xııı° siècles.

Rouen commerçait dès lors avec Londres, La Rochelle et Bayonne ; en échange des vins et des blés qu'ils y portaient, nos marchands prenaient des cuirs bruts, du plomb, de l'étain et du sel. Ils tiraient en outre de l'Irlande des fourrures.

Au xıv° siècle, la France et aussi la Normandie, faisaient déjà une grande consommation des denrées de l'Orient, telle que sucre de Chypre brisé et entier, poivre, gingembre, canelle, girofle, noix muscade, encens, figues, dattes, etc. Le coton nous était apporté en laine et filé ; on en faisait des mèches de chandelles, des gants et des bonnets. Déjà les draps de Rouen étaient en grand honneur en Arménie.

La nécessité d'avoir un chantier pour la construction des navires, donna lieu à l'établissement du « Clos as Galées » ; ce clos, ce chantier, ou plutôt cet arsenal, donna immédiatement à la ville de Rouen l'aspect d'un port militaire et y provoqua un mouvement commercial et industriel extraordinaire. Les approvisionnements maritimes devinrent pour les négociants une branche nouvelle et fructueuse de spéculations. « On emplissait les vaisseaux de chairs et « de poissons salés, de vins, de cervoise, d'orge, d'a- « voine, de seigle, de blé, d'oignons, pois, fèves, « foin en baril, chandelles de cire, bouteilles à ver- « jus, pots, godets, cuillers de bois et d'étain, chan- « deliers, bassins, cochons gras, broches, outils de

« cuisine et de bouteillerie, sel, biscuits, farine,
« graisse et moyaux d'œufs battus en tonneaux ». (1)

Le mouvement imprimé au Commerce maritime
depuis deux siècles se trouva malheureusement inter-
rompu par diverses circonstances, au nombre desquelles il faut placer les guerres continuelles et la fameuse révolte dite de la Harelle.

Alors, au lieu de ces nuées de navires qui arrivaient
à Rouen, ou qui en partaient sans cesse, on ne vit
plus que quelques rares expéditions particulières
tentées par les plus hardis de nos navigateurs. C'est
ainsi qu'en l'année 1364, les Dieppois armèrent deux
vaisseaux qui firent voiles vers les Canaries, doublè-
rent le cap Vert, puis le cap Moulé, et s'arrêtèrent
à l'embouchure d'une petite rivière, près de Rios-
Sestos, où est un village qu'ils nommèrent le *Petit-
Dieppe*. L'année suivante, les marchands de Rouen
expédièrent quatre navires, dont deux pour le cap
Vert et deux pour aller plus avant.

En 1380, on équipa à Rouen la *Notre-Dame-de-Bon-
Voyage*, vaisseau de 150 tonneaux ; elle revint de la
*Côte-d'Or* au bout de neuf mois richement chargée.

En 1381, le 28 septembre, partirent de Dieppe pour
la *Côte-d'Or*, les vaisseaux *la Vierge*, le *Saint-Nicolas* et
l'*Espérance*.

En 1383, partirent encore trois autres navires.

C'est en l'année 1392 que Jean de Bethencourt et le
capitaine Servan, sous la direction de Robert de Bra-
quemont, dit Robinet, partirent, avec quatre ou cinq

(1) Mémoire sur le commerce maritime de Rouen, tome 1er,
p. 259.

vaisseaux, pour aller reconnaître et aborder de nouveau, à l'extrémité des côtes du Maroc, les Iles Ténérife et Lancerote. (1)

Entre les expéditions maritimes de 1383 et le départ, en 1392, de Jean de Bethencourt pour les Canaries, il y en eut probablement d'autres dont les historiens n'ont pu encore retrouver la trace ; mais un mot, un nom surtout pouvant quelquefois la révéler, j'ai cru ne pas devoir omettre de signaler ici ce petit fait : à l'Echiquier de 1390, devant lequel devait comparaître *messire Jehan de Maleville*, chevalier, ce seigneur se fit excuser parce qu'il était *à présent en voyage de Barbarie.*

En 1402, le 1ᵉʳ mai, Jean de Bethencourt, satisfait des résultats de son premier voyage, partit de nouveau pour les Canaries, dont il devint roi et dont il s'efforça de gagner les habitants à la religion chrétienne. Il y demeura jusqu'en 1406, et après y avoir créé quelques établissements, il revint en France où il décéda en l'année 1422, après avoir laissé à Manoc de Bethencourt, son neveu, le gouvernement des îles conquises.

Mais les guerres du xvᵉ siècle vinrent de nouveau entraver les entreprises maritimes, et pour les voir reprendre vie, il faut franchir une période d'au moins 80 ans.

En effet, c'est en 1491 seulement que je trouve une nouvelle entreprise : Robert de Mainemares, seigneur de Bellegarde, et Guy le Bouteiller, seigneur de la

(1) Tous ces détails sont extraits du Mémoire de E. de Fréville déjà cité.

Bouteillerie, armèrent deux navires dont ils étaient propriétaires ; l'un nommé *le Vatost*, du port de 40 tonneaux, appartenant à Robert de Mainemares, fut confié au commandement du capitaine Ogier Duchastel ; l'autre nommé *la Catherine*, du port de 140 tonneaux, appartenant à Guy le Bouteiller, était commandé par le capitaine Delaporte.

Ces deux navires s'étant associés, prirent la mer en octobre 1491.

Bientôt ils firent rencontre du navire anglais la *Sainte-Anne*, que commandait le capitaine Guillaume Creut ou Crent, lequel, armé en guerre pour donner la chasse aux pirates, ayant tout d'abord pensé que les deux français exerçaient ce métier, les attaqua « de son artillerie et de plusieurs aultres bastons et instrumens de guerre. » La riposte ne se fit pas attendre, et la bataille s'engagea de part et d'autre avec une ardeur égale. Les Français avaient le dessus et allaient s'emparer de la *Sainte-Anne*, lorsque l'Anglais, reconnaissant qu'il s'était trompé, s'empressa de baisser ses voiles. Il était trop tard ; l'équipage du *Vatost* et celui de la *Catherine* l'abordèrent et le capturèrent avec toutes les marchandises dont il était chargé. L'Anglais protesta et soutint la nullité de la prise ; on plaida pendant de longues années, et le procès ne prit fin qu'en 1510, par un arrêt de l'Echiquier qui, donnant gain de cause à l'Anglais, condamna les Français à rendre la liberté au capitaine et aux marins anglais, à leur restituer les marchandises indûment capturées et à payer tous les frais.

Un peu plus tard, en 1498, au mois de mai, le navire *La Levrière*, appartenant à Guillaume Deshayes et à Guillaume Delamare, se trouvait en mer, vers les côtes d'Italie, qu'il explorait sous la direction de Guillaume de Laumosne, son capitaine. Ayant fait la rencontre d'une crevelle florentine appartenant à Barthélemy Marchiony, qui en était en même temps le capitaine, ils lui donnèrent la chasse et s'en emparèrent, ainsi que de « grand nombre de marchandises, de draps de laine et de soie, vaisselle d'argent, robes de drap d'or et autres biens, estimés valoir 40,000 livres tournois (1)! »

C'était une assez belle prise sans doute; mais il y avait bien des procédures à suivre avant d'en obtenir l'approbation par l'autorité compétente. Marchiony prétendit que son navire et ses marchandises « lui avaient été pris, pillés et ravis en contravention avec les lois et usages de la mer, » et il assigna Deshayes et Delamare devant M° Pierre Daré, lieutenant, à Rouen, de l'amiral de France, pour les faire condamner à les lui restituer.

A la suite de cette assignation, des sentences de l'Amirauté et des incidents de procédure si nombreux alors, il y eut enquête, puis contre-enquête, et enfin on en vint devant l'Echiquier. Là, Deshayes et Delamare se tirèrent d'affaire au moyen d'une exception assez équivoque : ils prétendirent qu'ils avaient loué *la Levrière* à Guillaume de Laumosne, moyennant 400 livres pour six mois, commençant le 1er mars 1497 (1498), et que, par conséquent, la prise ayant été faite au mois de mai suivant, l'avait été par et

(1) Arrêt du 26 mars 1503 (1504).

au profit dudit de Laumosne, et que dès lors, l'action de Marchiony contre eux procédait mal.

L'Echiquier admit cette exception et déclara Deshayes et Delamare déliés de l'action (1).

Il ne faut pas s'étonner de voir la plus haute autorité judiciaire sanctionner de tels actes de piraterie et presque les encourager : c'est que depuis des siècles, ou tout au moins depuis le commencement du XIII<sup>e</sup>, la piraterie était en grand honneur et tout à fait entrée dans les habitudes et dans les *us et coutumes de la mer*. Si bien que les princes normands de la race de Rollon ne dédaignaient pas de prendre le titre de *Duc des Pirates* (2), titre qui équivalait alors à la dignité de commandant supérieur d'une flotte.

Donc ne soyons pas non plus surpris de voir nos marchands et nos marins du XV<sup>e</sup> et du XVI<sup>e</sup> siècles, si ardents à des luttes en mer qui avaient enrichi leurs devanciers. Cependant, depuis le règne de Louis XII, la piraterie avait pris un caractère moins barbare, et des règlements internationaux furent convenus, non pour l'interdire, mais pour en déterminer les droits et en modérer les excès. Bientôt elle eut sa jurisprudence, et nul capitaine ou simple marin ne put ignorer ni ses droits ni leurs limites.

Comme le dit très judicieusement l'auteur de l'*Histoire du Commerce maritime de Rouen*, le grand commerce normand au XVI<sup>e</sup> siècle a toute la physionomie d'une petite guerre. En effet, on ne voit pas un navire s'avancer en mer qu'aussitôt on l'entende gronder

(1) Arrêt du 26 mars 1503 (1504).
(2) E. de Fréville, mémoire déjà cité.

l'artillerie et la mousqueterie. C'est à qui restera maître, ou plutôt, à qui pourra prendre et piller un équipage. Ce n'est pas toujours, ou même, suivant moi, c'est rarement l'amour de la gloire qui anime les navigateurs de ce temps, c'est le lucre, le désir de s'enrichir, non du produit d'un commerce honnête, mais des dépouilles de son semblable. En vain, par son traité de commerce avec l'Angleterre, par son traité de paix avec les rois de Castille et de Portugal, et son alliance avec le roi de Danemarck, Louis XII avait essayé de diminuer au moins les actes de piraterie et les chasses entre les navires des nations alliées, rien n'y fit, et la loi du plus fort continua d'être la seule garantie de ceux qui se livrèrent aux hasards de la navigation.

Avant de passer au XVIᵉ siècle, je dois citer encore un exemple de ces actes de sauvagerie dont je parlais tout à l'heure ; et ce qui prouve à quel point les consciences étaient tranquilles à cet égard, c'est qu'on va voir que les rois eux-mêmes ne craignaient pas d'entretenir à leur solde des capitaines et des matelots qui se livraient à la course et de partager avec eux le bénéfice des prises.

Ainsi, en l'année 1499, plusieurs riches bourgeois de Rouen, tels que Jacques Lepelletier, Guillaume Lavieille, Guillaume Villot, Jean Ribault et Adam Nivelet, tous marchands et propriétaires du navire *la Magdeleine*, armèrent ce navire et le chargèrent d'une grande quantité de marchandises et d'une forte somme d'argent, pour faire voyage à Valence et en Alicante, y vendre ces marchandises et acheter des produits de ce pays pour les rapporter à Rouen.

A environ trente lieues de Valence, « par fortune,
« tourmente et impétuosité du temps, le navire fut
« contraint de chercher un refuge dans un hàvre ou
« port nommé Armeric. Auquel lieu arriva bientôt un
« navire portugais, armé et équipé en guerre sous les
« ordres du nommé Loupsaute, capitaine pour le roi
« de Portugal .. Icelui Loupsaute, commettant un
« crime de trahison et fausseté, par fraude et très
« griefve malice, feignit et simula être marchand et
« dit que son navire était chargé de plusieurs sortes
« de marchandises qu'il portait aussi à Valence : et
« afin de dissimuler sa trahison, il avait envoyé dans
« une barque quelques compagnons de son navire à
« bord de *la Magdeleine*, et en avait ramené quelques
« matelots à son bord ; il eut soin de leur montrer
« une certaine quantité de marchandises qui étaient
« entassées sur le pont.

« Cependant Loupsaute avait fait cacher dans la
« soulte grand nombre de pirates et gens de guerre
« qui faisaient partie de son équipage et n'avait montré
« qu'un petit nombre de mariniers nécessaires pour
« conduire son navire : jurant et affirmant par foi et
« serment qu'il tiendrait bonne paix et alliance avec
« le navire de Rouen. Mais bientôt, changeant de ton
« et d'attitude, le dit Loupsaute, à certain jour après,
« subitement assaillit le navire de Rouen, le prit et fit
« invader par force et mit dans la soulte, au fond du
« dit navire, tous les facteurs, maitres, mariniers et
« compagnons de *la Magdeleine*, et les y laissa pendant
« trois jours et trois nuits sans lumière, à petit de
« boire et de manger ; au bout du quel temps avait
« dressé les voiles des deux navires et avait cinglé

« vers la fin des parties d'Espagne, et là, au bas d'un
« hoc, loin de toutes habitations, avait faict atteindre
« lesdits facteurs, maîtres, mariniers et compagnons
« du navire de Rouen, et les avait fait dépouiller
« nuds, en chemise, sans chausses, souliers ne bon-
« nets et en icelui état, sans leur bailler vivres, or ne
« argent, les avait faict descendre sur la terre et les
« y avait abandonnés en emmenant leur navire, les
« biens et marchandises y étant, prétendant à ce
« moyen, lesdits pirates faire mourir les dits facteurs,
« maîtres, mariniers et compagnons, et que jamais
« on ne peust avoir connaissance de la dite dépréda-
« tion; à raison de quoi plusieurs mariniers étaient
« décédés sur le chemin; d'autres avaient été obligés
« pendant long espace de temps de mendier leur vie
« et avaient été en grand danger de leur personne.
    « A joindre que le navire dudit Loupsaute était
« appareillé à la manière des navires du Roi de Por-
« tugal, qu'il avait ses armoiries mises et apposées
« en plusieurs lieux et qu'enfin, en faisant ladite
« déprédation, Loupsaute avait déclaré qu'il agissait
« par le commandement du Roi de Portugal (1). »
    On pense bien que les bourgeois marchands de
Rouen, propriétaires de la Madeleine et comptables
des marchandises, ne s'en tinrent pas là. Ils avaient
confié le commandement de leur navire à un nommé
Nicolas Famelin dit Le Grec, capitaine de mer au
service du Roi de France ; mais Famelin dit Le Grec,
tout en faisant les affaires de Lepelletier, Lavieille et
consorts, s'était en même temps chargé d'une forte

(1) Arrêt de l'Echiquier, 30 mars 1508.

quantité de marchandises que lui avait confiée une société de marchands bretons représentés par un nommé Thevenin Angot.

En outre, Famelin était encore, par l'ordonnance du Roi de France, occupé en guerre contre les Turcs et infidèles. Sous ce prétexte, il parcourait les mers, armé en guerre, et ne se faisait pas faute de faire un peu de piraterie pour son compte. Ainsi, le 14 novembre 1499, ayant rencontré le navire génois nommé *Sainte-Marie-de-Gadelope*, *dite la Marianne*, appartenant à Rodigo Darriga, qui le conduisait à Londres, chargé de marchandises, il l'attaqua, s'en rendit maître et le confisqua à son profit avec tout son contenu (1).

Par suite de ces complications, Famelin dit Le Grec se trouva bientôt obligé de répondre à trois ou quatre procès; en 1508 seulement (2), ils furent terminés : Le Grec fut condamné à restituer au génois Rodigo Darriga, son navire et ses marchandises; mais il en fut autrement pour le fait de Loupsaute; l'Echiquier condamna le Roi de Portugal à payer à Lepelletier et à ses consorts, 2,700 livres, valeur du navire la *Magdeleine* et 4,000 livres, valeur des marchandises déprédées.

Notons en passant que le Roi de Portugal avait affaire à forte partie, car le plus fort actionnaire du navire la *Magdeleine* n'était autre que Jacques Lepelletier, ce riche négociant, qui, plus solvable, aux yeux des Vénitiens, que le Roi Charles VIII, cautionna, par sa seule signature, le Roi de France et lui facilita la conquête de l'Italie, en 1497.

(1) Arrêt de l'Echiquier, 16 juillet 1501 et 7 mars 1501 (1502).
(2) Echiquier, 30 mars 1508 (1509).

En 1503, le capitaine Binet Paulmier, de Gonne-
ville, partit de Harfleur pour une expédition d'aven-
tures aux Indes-Orientales. On a longtemps discuté
pour savoir le point précis de son débarquement. Il
paraît certain aujourd'hui qu'il aborda le Brésil en
la partie australe.

L'histoire de presque tous ces voyages a été ra-
contée avec détails, ou le sera bientôt, et je n'ai ni
qualité, ni aptitude pour en parler davantage ; mais
j'ai cru, qu'avant de passer à l'analyse de mes autres
notes sur le xvie siècle, je ne pouvais me dispenser
de jeter ce rapide coup-d'œil sur l'époque antérieure.

## II

### VOYAGES A TERRE-NEUVE.

Pendant les premières années du xvie siècle, les
négociants rouennais ne semblent rêver que voyages
maritimes ; les récits des excursions lointaines des
Bethencourt et autres n'étaient point oubliés et leur
souvenir semblait réveiller l'ambition de nos marchands et faire germer dans leur esprit des projets
dont l'exécution devait tôt ou tard les enrichir ; mais
trop prudents pour s'élancer bien loin à la suite des
découvreurs, vers des iles encore trop peu connues,
ils se bornaient aux voyages à Terre-Neuve pour
y pêcher la morue. On voit, à dater de 1508, quelques navires s'essayer à ce voyage ; ils sont généralement d'un tonnage qui varie de 60 à 90 tonneaux ;
je cite entre autres la *Bonne-Aventure*, capitaine Jacques de Rufosse ; la *Sibille* et le *Michel*, appartenant

à Jehan Blondel, puis la *Marie-de-Bonnes-Nouvelles*, armée par Guillaume Dagyncourt, Nicolas Duport et Loys Luce, bourgeois associés ; le commandement du navire est confié au capitaine Jean Dieulois. Cependant, à partir de l'année 1527, il semble que nos marchands ont abandonné leurs essais de ce côté. Pour leur rendre espoir et courage, il ne fallut rien moins que la tentative de colonisation du Canada et des autres îles voisines, confiée en 1540, par François I⁰ᵉʳ à Jean-François de la Roque, sieur de Roberval. En effet, dès les mois de janvier et de février 1541 (1542), plus de 60 navires mettent à la voile, non pour aider à coloniser la Nouvelle France, mais uniquement « pour aller pêcher des morues aux terres neuves. » En 1543, 1544 et 1545, cette ardeur se soutint, et l'on voit partir de Rouen, du Havre, de Dieppe et d'Honfleur, pendant les mois de janvier et de février, environ deux navires par jour. Mais à partir de 1545, le gouvernement français ayant échoué dans sa tentative et nos marchands ne trouvant plus la sécurité nécessaire à leur trafic, le mouvement cessa presqu'entièrement. Il reprit en 1560, et j'ai compté 38 navires qui, pendant les mois de janvier et de février partirent des petits ports de *Jumièges*, de *Vatteville* et de *La Bouille* « pour faire voyage aux terres neuves ». Déjà le tonnage est augmenté, et si l'on trouve encore des navires de 70 tonneaux, le plus grand nombre atteint 100, 120, 140 et 150 tonneaux.

C'est peut-être cette reprise des relations de nos marchands avec Terre-Neuve qui inspira au gouvernement français la pensée de faire une nouvelle tentative de colonisation et de main-mise sur le Canada en 1564. La preuve de cette tentative résulte d'un acte reçu par les notaires de Rouen, le 18 avril de cette année. C'est un marché aux termes duquel « Robert Gouel, maréchal de blanche œuvre, vend « à messire Guillaume Le Beau, receveur général « des finances du Roi en sa marine du ponant :

« 50 louchets, à 12 solz pièce ;

« 50 houzeaux à 10 solz pièce ;

« 25 manes à 16 solz pièce ;

« 25 haches à faire bois à 12 solz pièce ;

« 50 serpes à couper bois à 6 solz pièce ;

« Le tout pour porter en la Nouvelle-France *où le Roy envoie présentement pour son service* (1). »

Déjà, peu de jours auparavant, le 7 avril, noble homme Jehan Garnier, sieur de Vestry, lieutenant de la compagnie du capitaine Lagrange, avait donné « quittance au même Guillaume Le Beau, d'une « somme de 400 livres qui devait être employée en « achats d'arquebuses et fourniments nécessaires à « l'infanterie française, *qu'il plaît au Roy envoyer* « *présentement en sa Nouvelle-France, pour la défense* « *d'icelle*, et pour le service de sadite majesté, sous « les ordres du sieur Lagrange, colonel de ladite in- « fanterie française (2). »

Ces deux actes, jusqu'à présent ignorés, sont très importants, car ils prouvent que, malgré l'échec de 1541 à 1543, la France ne perdait pas de vue la colonisation du Canada.

Cependant l'histoire n'ayant point enregistré la

(1) Tabⁿ de Rouen, 18 avril 1564.
(2) Tabⁿ, 7 avril 1564.

nouvelle tentative de 1564, on se sent porté à croire qu'elle ne donna aucun résultat.

Trente-deux années s'écoulèrent encore dans une inaction complète; mais en 1597, Henri IV, débarrassé de sa lutte contre les ligueurs, reprit en main la conquête du Canada. Il chargea messire Treslus de Mesgouet, marquis de la Roche, d'organiser une flotte dans ce but, et par lettres-patentes du 16 janvier 1598, il l'investit du titre de son « lieutenant général ès Iles « de Sable, Terre-Neuve, Canada, Ochillaga; Labra-« dor, Rivière de la grande Baye de Norembergue et « autres pays adjacents, et ce avec le pouvoir de « bâtir, démolir, commander, gouverner, etc (1). »

Cependant, malgré l'ardent désir du Roi, la flotte ne fut en état de prendre la mer qu'au mois de janvier 1599. Le marquis de la Roche, après de longs débats avec le Parlement, partit enfin avec un noyau de colons composé de deux cent cinquante hommes et femmes condamnés aux galères. Mais, arrivés à l'Ile de Sable, les futures colons s'insurgèrent, et, à l'exception de cinquante, refusèrent de débarquer et se firent ramener en France par de la Roche, dont la mission expira quelques temps après.

Quant aux cinquante malheureux qui avaient consenti à débarquer, ils ne tardèrent pas à s'en repentir. Abandonnés sans guide, sans provisions d'aucune sorte, sans munitions et presque sans armes, mal vêtus et sans abri, ils se trouvèrent immédiatement aux prises avec tous les besoins à la fois. Au cœur de l'hiver ils n'avaient rien pour se garantir contre le

(1) Parlement de Normandie, arrêt du 2 mars 1598.

froid, la neige et la pluie. Obligés de pourvoir à leur nourriture, ils n'eurent d'autre ressource que la pêche et la chasse. La terre n'ayant pas été cultivée ne pouvait leur fournir aucun aliment. Quatre années se passèrent ainsi pendant lesquelles les cinquante eurent à souffrir tous les maux imaginables; beaucoup succombèrent, mais les plus robustes, s'étant peu à peu familiarisés avec la misère, employèrent leur industrie à tâcher d'améliorer leur sort. Ils se mirent à chasser le castor et le loup-marin, et après s'être vêtus des peaux de leurs premières victimes, ils continuèrent la chasse et, dans la prévision d'une délivrance possible et de leur retour en France, ils amassèrent des peaux dans l'espoir d'en tirer alors un bon profit.

En quittant l'Ile de Sable, le marquis de la Roche avait bien conscience du triste sort qui attendait les cinquante malheureux qu'il laissait derrière lui. Cette pensée finit par l'obséder si vivement qu'il ne put résister au désir de les secourir ou de les rapatrier. A cet effet, il traita avec un capitaine de navire nommé Thomassin Chefd'hostel, et le chargea d'aller à l'Ile de Sable au secours de ces malheureux et de les ramener s'ils le désiraient.

En septembre 1603, Chefd'hostel aborda l'Ile de Sable, mais au lieu de cinquante hommes débarqués en février 1599, il n'en trouva plus que onze; trente-neuf avaient succombé dans cet intervalle de quatre ans six mois.

Les noms de ces onze Rouennais méritent d'être conservés, les voici :

Jacques Simon, dit la Rivière,

Olivier Delin,

Michel Heulin,

Robert Piquet,

Mathurin Saint-Gilles,

Gilles le Bultel,

Jacques Simoneaux,

François Prevostel,

Loys Deschamps,

Geuffrin Viret,

François Delamare.

Au marquis de la Roche, succéda en qualité de lieutenant du Roi, au Canada, Pierre Chauvin, seigneur de Tontuit, demeurant à Honfleur ; c'était un négociant-propriétaire, associé de Henri Couillard, également d'Honfleur. Ils possédaient deux navires : le *Don-de-Dieu* et l'*Espérance*, avec les quels, de moitié avec Gion Diez, ils faisaient, depuis plusieurs années, de fréquents voyages au Canada (1). D'un autre côté, Chauvin du Tontuit était associé aux opérations commerciales de Jean *Gouverneur*, seigneur de Villepoix, de Jean *Martin*, seigneur de la Guerandaie, de Jean *Sorcel*, seigneur de Prévert et de plusieurs autres marchands de la ville de Saint-Malo, tous exploitant le Canada.

Chauvin du Tontuit, qui se souciait peu de la colonisation de la Nouvelle France, mais qui voulait cependant y conserver le plus d'influence possible,

(1) Tabellionage, 14 et 23 février 1600.

2

ayant connu à Saint-Malo un honnête homme du nom de *Gravé*, dit de Pont-Gravé, fort désireux de contribuer à la conversion des sauvages et à la colonisation de ce riche pays, se l'attacha et le fit nommer en son lieu et place lieutenant général du Canada, avec le *privilège exclusif* du commerce des fourrures.

Avec un homme du caractère de M. du Tontuit, les bonnes intentions de Pont-Gravé ne devaient produire aucun résultat ; mais, en 1603, il mourut et laissa de Pont-Gravé libre de suivre ses inspirations généreuses ; cependant depuis la mort du marquis de La Roche, le Roi s'était borné à entretenir un simple lieutenant au Canada. Au décès de du Tontuit il nomma Aymar de Chastes qui, depuis longtemps, était gouverneur de Dieppe, son lieutenant général sur toute la colonie. Malheureusement, ce gouverneur, put à peine entrer en possession de son commandement, car, nommé en 1602, il mourut au commencement de 1603.

C'est à ce moment que Champlain, arrivant des Antilles, s'entendit avec de Chastes pour une grande expédition au fleuve Saint-Laurent, mais par suite du décès de de Chastes, l'affaire en resta là.

Pour remplacer de Chastes, Henri IV choisit le sieur de Montz, homme capable et honnête, mais protestant ; le Parlement, par ce seul motif, essaya de refuser d'enregistrer ses provisions, mais le Roi tint bon et le Parlement dut céder.

Pendant tout ces débats de Montz était à Rouen, y organisait une flotte et formait une association commerciale avec les marchands de la ville de Rouen, de la Rochelle et de Saint-Jean-de-Lux, lesquels étaient représentés par un fondé de pouvoirs nommé.

*Samuel Georges*, bourgeois de la Rochelle, et par un *sieur Macain*. Pour sa part dans la société, de Montz versa dix mille livres entre les mains de Corneille de Bellois, marchand à Rouen. L'acte de société est très long et fort intéressant. Il est daté à Rouen du 10 février 1604, et porte les signatures de : Pierre Dugua, de Bellois, Georges, les notaires et les témoins.

Gravé, ou de Pont-Gravé, se trouvait à Rouen en même temps que de Montz, ils en repartirent ensemble en mars 1604, sur le navire la *Bonne-Renommée*, que commandait le capitaine Morel ; arrivés en Acadie, ils y trouvèrent Champlain, et tous trois s'entendirent pour donner au commerce des peaux de castor et de loup marin le plus d'extension possible.

La pêche entra également pour une large part dans leurs spéculations. Mais la discorde vint bientôt diviser les associés et retarder la colonisation rêvée par Champlain, de Montz et Pont-Gravé.

La mort de Henri IV acheva le désordre qui régnait en Acadie depuis 1606, car on avait laissé ce pays sans gouverneur et livré son avenir à des lieutenants qui, sans direction, gouvernaient chacun à son point de vue particulier.

Cependant, en 1612, le Roi Louis XIII confia le gouvernement de la Nouvelle-France au comte de Soissons, lequel étant décédé avant d'avoir pu prendre possession de son gouvernement, fut remplacé, en novembre de la même année, par le prince de Condé, lequel, en 1620, fut remplacé à son tour par le duc de Montmorency, qui fut nommé vice-roi du Canada et de la Nouvelle-France.

Il me paraît inutile de suivre plus longtemps le

gouvernement du Canada. Par tout ce qui précède j'ai voulu seulement constater que la ville de Rouen avait été depuis, et même bien avant l'essai de Roberval, le centre commun, le comptoir général où se traitèrent les intérêts de cette colonie. Pour s'en convaincre il suffira de jeter les yeux sur les nombreux actes du Tabellionage et sur les arrêts du Parlement intervenus entre les associés, les intéressés et les gouverneurs (1). Jusqu'à l'avénement du duc de Montmorency, cinq sociétés de commerce avaient, en concurrence, exploité la Nouvelle-France, mais à dater de cet avénement, une seule les absorba toutes, et obtint pour cela un privilége de quinze années, qui suscita un grand nombre de procès, ce fut la fameuse compagnie Montmorency. Ces procès nous révèlent des noms qu'il peut être bon de recueillir. Ce sont ceux de Daniel Boyer, Guillaume Lebreton, Mathieu d'Insterlo, Pierre Fermanel, Jean Pepin, Guyonne Pepin, Julien Arthur, François Porée, Richard Boullain, Thomas Porée, Guillaume Decaen, Jean-Jacques Dollu, Arnault de Nouveau, Roqueur, Houel, Lattaignant, Dablon, Duchesne, Catillon, et d'autres encore.

Ici se terminent mes notes sur le Canada (2).

(1) Arrêts du Parlement, 3 novembre 1540, 30 mai 1541, 17 avril 1597, 2 mars 1598, 6 mars 1598 et 18 mai, 4 mars et 14 décembre 1613, 25 juin, 12 juillet 1633.

Tabellionage, 15 et 7 avril 1564, 14 et 23 février 1600, 10 février, 20 février, 1er mars 1605, 18 novembre 1606; 8, 16, 19 janvier, 24 avril 1607; 9 avril, 4 et 11 décembre 1609; 13 août, 3 septembre 1612; 25 janvier, 15 octobre 1613; 10 février 1607, 1er février 1608, 25 janvier 1613, 18 mars 1615.

(2) Voir au surplus : Gosselin, *Nouvelles Glanes historiques normandes*, Rouen, Boissel, imprimeur, 1873.

# III

## ANGO

Bien que la vie du fameux Ango, de Dieppe, soit maintenant parfaitement connue, j'ai cru devoir y ajouter quelques détails qui résultent de mes notes.

La première puise tout son intérêt dans sa date.

En effet, elle prouve que dès l'année 1514, Jean Ango était déjà officier de l'archevêque de Rouen et son receveur à Dieppe ; qu'il habitait alors le *château* de cette ville ; qu'enfin il était déjà lancé dans les affaires commerciales, et bourgeois advitailleur pour un quart du navire *la Normande* ; ses co-intéressés étaient : Richard Héron, Christophe de Prix et Mathieu Doublet. Ils avaient confié le commandement de ce navire à Jacques Maheut. La *Normande*, équipée en guerre, partit de Dieppe vers la fin de mars 1514, ayant à son bord Richard Héron, l'un des quatre armateurs, et le capitaine Maheut. Dans les premiers jours d'avril, vers les côtes de Zélande, ayant rencontré une nef appelée *le Nicolas*, elle lui donna la chasse et l'amena au port de Dieppe. Le *Nicolas* était chargé de blé, seigle, bière et autres marchandises ; mais son capitaine, nommé Mathieu Cosses, prétendant que le navire appartenait à des marchands de Lubec, en Zélande, dont les habitants étaient les alliés et confédérés de la France, porta plainte contre Ango, Heron, de Prix et Doublet, et soutint devant M⁰ Jehan de Chiffreville, lieutenant de l'amiral à Dieppe, que la prise était nulle et que navire et marchandises devaient lui être restitués.

L'amiral fut de cet avis ; il donna gain de cause au capitaine zélandais, condamna chacun des co-inté-ressés à lui restituer, savoir : de Prix, 20 lyons d'or, Ango, 20 écus d'or, Doublet, 10 écus d'or, et Héron, 4 écus soleil et un écu couronne, que ledit capitaine leur avait payés pour la valeur estimative de ses marchandises confisquées (1).

Un acte du 3 octobre 1525 nous révèle qu'en cette année, Ango avait armé en guerre un certain nombre de navires dont était *amiral*, le vaisseau *le Léon*, et que cette flotte avait fait prise d'une carraque chargée de marchandises et d'artillerie, et qu'enfin le tout ayant été mené « en la Baye de Nermoutier, y fut brûlé et aliéné par les habitants des environs. »

Le 6 février de l'année suivante, une autre flotte, composée des navires *la Salamandre*, *le Sacre*, *le Dragon* et un autre appelé *la Barque du Roy*, tous ap-partenant à Jean Ango, s'empara de deux navires espagnols, l'un nommé le *Corpus Christy* et l'autre *la Madeleine*.

En 1529, le 27 août, on trouve un acte par lequel Ango et le sieur de Bourry, vice-amiral de France, s'obligent envers Nicolas et Guilbert Morel et leurs consorts à poursuivre la restitution du navire *la Marie*, appartenant auxdits Morel, qui leur avait été

(1) Arrêt du Parlement, 27 juin 1516.

pris par les Portugais. Ango et de Bourry s'obligent à faire toutes les avances et les frais nécessaires jusqu'au remboursement, après quoi, déduction faite desdits frais et avances, il sera fait deux parts égales du produit net, dont l'une restera au profit d'Ango et du sieur de Bourry, et l'autre sera remise à Morel et consorts.

Pour obtenir cette restitution, une procédure spéciale était nécessaire ; il fallut agir directement contre le Roi du Portugal et l'on ne pouvait le faire qu'en vertu de lettres de marque signées du Roi de France. Le 26 juillet 1530, ces lettres furent octroyées par François I<sup>er</sup> pour une valeur de 250,000 ducats.

En vertu de ces lettres de marque, Ango, Jacques Doublet, Guillaume Hervieu et Thomas Gueroult armèrent en guerre le navire *la Rose* pour courir sus et prendre les navires, biens et marchandises des Portugais. Mais déjà le nom d'Ango était connu et redouté et l'on savait que, pouvant disposer de forces considérables, il pourrait, au moyen des lettres de marque, rendre aux Portugais le trafic par mer presque impossible.

C'est pourquoi sans doute, peu de temps après l'obtention des lettres de marque et leur notification, Dom Antoine da Tayede et Gaspard Valasez, ambassadeurs du Roy du Portugal, firent, au nom de leur maître, des propositions d'arrangement qu'Ango ne repoussa pas, et, dès le mois d'août suivant, de nouvelles lettres-patentes du Roi de France, approuvant la composition intervenue entre Ango et les ambassadeurs du Portugal, et en considération des deniers payés par ceux-ci, déclarèrent que les lettres de marque ne devaient plus avoir d'effet. Enfin, le 20 février 1531, devant les notaires de Rouen, Ango reconnut avoir reçu desdits ambassadeurs la somme de 60,000 ducats et leur remit ses lettres de marque.

Pour l'honneur d'Ango, l'affaire devrait se termi-ner ici ; mais je dois ajouter qu'après avoir palpé les 60,000 ducats, ce personnage trouva bon de tout garder pour lui. En vain Morel et consorts firent-ils entendre leurs réclamations, Ango ne daigna jamais y répondre. Sa puissance était devenue si grande que l'on n'osait pas l'appeler en justice. Mais vint l'heure des revers. Ango, criblé de dettes, perdait en même temps son influence et son crédit. Morel et consorts s'enhardirent, et, après dix-sept années d'attente, se décidèrent à l'assigner en reddition du compte des 60,000 ducats par lui reçus et en partage de cette somme aux termes de la convention du 27 août 1529. Le premier acte de ce procès porte la date du 1er août 1548. Ango résista jusqu'à sa mort arrivée en 1550 ; alors ses biens furent vendus, mais on ne put liquider le compte des frères Morel ; il y eut tant d'incidents que, ni la veuve Ango, ni les sieurs Morel, ne virent la fin du procès. Cet avantage était réservé à leurs *petits-enfants*. En effet, le dernier arrêt et le dernier mot du procès portent la date du 30 juillet 1604 ! Cet arrêt condamne les héritiers Ango à payer aux héritiers Morel les 30,000 ducats restant dus sur les 60,000 touchés des ambassadeurs du Portugal le 20 février 1531, et ce *avec intérêts au denier quatorze depuis ledit jour.*

Pour achever l'analyse des notes sur Ango, je suis

obligé de rétrograder jusqu'à l'année 1536. Dans un acte du Tabellionage de Rouen se trouvent indiqués plusieurs navires appartenant à l'armateur dieppois; ce sont l'*Emérillon*, de 60 tonneaux, capitaine Cardin Dutot ; l'*Allouette*, capitaine Loys Sevestre et le *Sacre*, capitaine Nicolas Fouché; ces navires, armés et équipés en guerre, ont fait en mer, sur les ennemis du Roi, plusieurs prises assez importantes; deux hommes de l'équipage de l'*Emérillon*, Julien Couroyer et Jehan Vautier, vendent à Laurent Poulain, orfèvre à Rouen, moyennant chacun 300 livres, leur part dans les prises faites par l'*Emérillon* (1).

En 1543, Jehan Ango, indigné des dévastations auxquelles se livrent les navires flamands, arme en guerre cinq de ses navires et lance cette flotte sur la mer pour donner la chasse aux flamands. Bientôt elle fait rencontre d'une forte flotte de ceux-ci. Le navire flamand, nommé le *Petit-Coq d'Anvers*, amiral de la flotte, commença le feu par une violente décharge de son artillerie; mais après un combat long et acharné, les flamands furent vaincus et la flotte d'Ango s'empara du *Petit-Coq d'Anvers*, fort de 120 tonneaux, et le ramena à Dieppe. Par lettres-patentes enregistrées au Parlement le 14 juin 1543, le Roi de France donna son approbation à cette prise et la déclara légale.

On sait qu'au moment où François I<sup>er</sup> préparait sa grande armée navale, il nomma, par commission datée du 11 janvier 1544, Jehan Ango son commissaire pour le fait de l'avitaillement des navires de son

(1) Tabellionage, 11 décembre 1536.

armée. Or, je trouve aux dates des 15 janvier et 24 mars 1544, un marché aux termes duquel Robert Michel, marchand à Rouen et capitaine de navire, s'oblige à livrer, au plus tard le 1er avril prochain, à noble homme Jean Ango, sieur de la Rivière, capitaine de la ville de Dieppe, mille barils de chair de bœuf, bonne, loyale et marchande, plaine, pacquée, effoncée et foulée en barriques ou pipes pour faire victuailles de longue route, et ce à raison de six livres douze solz six deniers par baril de chair.

Le 16 du même mois de janvier, tous les boulangers de Rouen s'obligent, envers le même Ango, à lui livrer pour le 31 mars lors prochain, *soixante-trois mille* de pain biscuit, à compter onze barils rez et branlez trois fois, à dix cents au millier, moyennant le prix de dix-sept livres dix solz par cent. Enfin Robert Michel, au nom de Jean Ango, fait marché pour deux mille barils de chair de bœuf, à raison de huit livres sept solz six deniers le baril.

Et le 28 juillet 1546, Robert Picquenot et Jehan Hautemen, tonnelliers, reçoivent du trésorier de la marine 337 livres dix solz prix de 250 tonneaux de futailles par eux fournis au dit sieur Ango, pour loger partie de la bière achetée à Dieppedale et Croisset pour l'avitaillement des armées du Roi, et ce à raison de vingt-sept solz pour chacun tonneau. (Tabellionage, 24 mars 1544 et 28 juillet 1546.)

Nous retrouverons, plus loin, des notes faisant mention d'Ango, mais ces notes étant plus particulièrement relatives à l'histoire de la ville *du Hâvre* j'ai cru qu'il serait plus logique de le lui réserver.

# IV

## LE HAVRE

Les documents *inédits* publiés récemment par M. Stéphano de Merval, dans la collection de la Société de l'Histoire de Normandie, sont à coup sûr fort curieux et fort intéressants. Ils fixent tout d'abord, à n'en pouvoir plus douter, à l'année 1517 le commencement des travaux de fondation du port du Hàvre-de-Gràce et des autres constructions qui devaient le compléter ; ces documents fournissent en outre de précieux détails sur la marche et la direction des travaux, sur le prix de la main-d'œuvre, sur les matériaux employés, et, de plus, ils montrent la part que prirent à l'entreprise et le Roi François Iᵉʳ et les sieurs Guyon Le Roy, seigneur du Chillou et l'amiral de Bonnivet ; on y voit encore que dès la fin de cette année 1517, pour appeler promptement des habitants dans la ville projetée, le Roi accorda à tous ceux qui « viendraient faire bàtir et habiter au lieu de Gràce » exemption de tailles et droit de franc salé.

Malheureusement, les documents de M. de Merval s'arrètent à l'année 1524, et après avoir fourni tous ces détails importants, laissent l'histoire du Havre dans le vague que lui ont fait jusqu'ici les nombreux écrits contemporains. J'espère que bientòt, se dévouant à cette tàche, un de nos écrivains reprendra tous ces travaux épars pour en composer une histoire complète et vraiment digne de la cité qui, de simple

crique en 1517, est devenue l'un des plus beaux ports
de France et l'une de ses villes les plus florissantes.

C'est dans cette prévision qu'il m'a semblé utile
de publier les notes que je possède sur la ville du
Havre.

Donc, sans m'occuper du procès que Le Roy du
Chillou perdit en 1524 devant le Parlement de Rouen,
suivant un arrêt dont M. de Merval a publié le texte,
je passe immédiatement à mes notes.

On vient de voir que dès la fin de l'année 1517, le
Roi avait accordé à tous ceux qui « viendraient faire
bàtir et habiter au lieu de Grace » l'exemption de la
taille et le droit de franc salé.

Par une charte du mois d'août 1520, il créa *au
havre neuf* deux marchés par semaine, aux jours de
mardi et vendredi. Puis, en confirmant la charte donnée en 1517 et les priviléges qu'elle octroyait, il
ajoute dans celle-ci : que, afin d'engager ses sujets à
populer de plus en plus ladite ville, ceux qui vien.-
draient s'y établir seraient affranchis à *toujours des
tailles* et jouiraient du franc salé de même que les
habitants de Dieppe (1).

Par une autre charte, donnée à Blois, le 15 décembre 1520, François Ier, en rappelant la construction « *précédemment* ordonnée d'un port de mer ou
« hàvre, grand et spacieux, à Grâce, près la ville
« d'Harfleu et la construction d'une forteresse et ville
« close » créa audit *hàvre* « un grenier à sel auquel
« 18 paroisses qu'il désignait auroient le droit de
« venir s'approvisionner ; voulant, dit-il, que, malgré

(1) Arch. de la Seine-Inférieure, Cour des Aides, charte du
mois d'août 1520.

« le refus qu'en a fait le grenetier, les navires qui
« aborderont au *Hoc*, qui était anciennement du terri-
« toire de la petite Eure, assis en la paroisse de
« l'Eure, y puissent prendre aussi leur sel (1).

Mais bientôt des réclamations s'élevèrent de divers
points de la Normandie. Dès 1523, les délégués des
Etats remontrèrent au Roi que, par suite des priviléges promis à ceux qui viendraient habiter au havre
neuf, les taillables de diverses paroisses, pour s'affranchir de cet impôt, quittaient leur village et se ré-
fugiaient dans la ville privilégiée ; ce qui causait un
grave préjudice auxdites paroisses et devenait l'occasion de fraudes nombreuses.

Pris ainsi entre ses promesses écrites et les réclamations fondées des Etats, François I<sup>er</sup> se trouva
amené à rétracter ses premières chartes, ou tout au
moins à les expliquer. C'est ce qu'il fit par une nouvelle charte donnée à Blois, le 5 février 1523 (1524),
par laquelle il déclara que les franchises et *exemptions
de tailles* accordées précédemment devaient s'entendre seulement des *aides et impositions et non pas de
la taille que tous doivent payer* (2).

A diverses reprises le Roi confirma ces priviléges,
mais on s'aperçut bientôt que, pour s'affranchir du
paiement de l'aide et des autres impositions, beaucoup d'individus, qui se faisaient inscrire comme habitants, ne résidaient pas réellement dans la nouvelle ville et se bornaient à y fieffer un coin de terre
ou à y bâtir une simple cabane. Ces abus signalés au

(1) Arch. de la Seine-Inférieure, Cour des Aides, charte du
15 décembre 1520.

(2) Id., ibid., charte du 5 février 1523.

Roi motivèrent les lettres patentes du 17 mai 1527, portant que ceux-là seulement qui ont fieffe et maison bâtie, et qui y résident, seront affranchis. Mais l'exécution ne fut pas immédiate. Ces lettres ne furent entérinées à la Cour des Aides que dix-huit mois plus tard, le 6 novembre 1528, et portées à la connaissance des intéressés que le 18 mai 1529. Dans l'intervalle, des commissaires s'étaient transportés à Grâce et y avaient compté les maisons bâties ou commencées à bâtir, et avaient dressé un état des fieffes ; mais ils avaient en même temps constaté que la plupart des fieffataires ou propriétaires de maisons n'y résidaient pas et qu'ainsi *le populement* que la charte de 1517, aussi bien que toutes celles octroyées depuis, avaient eu pour but d'encourager, ne se réalisait pas. C'est pourquoi, le 18 mai 1529, l'huissier Picquer, vint au nom du Roi donner lecture, à haute et intelligible voix, dans les moindres endroits du port et de la ville, desdites lettres, et signifia que tous ceux qui n'auraient pas établi leur demeure et résidence actuelle ès maisons et fieffes qu'ils ont en la ville, *dans un an de ce jour*, seraient exclus des priviléges (1).

Afin de vaincre la résistance des populations voisines à transporter leur domicile au Havre, le Roi, qui leur avait déjà maintes fois accordé des franchises, et qui, dès 1520, avait créé dans cette ville deux marchés par semaine, tenta un nouvel effort en 1532 ; par une charte donnée à Caen, au mois d'avril, il déclara qu'il l'avait nommée de son nom « à perpétuelle mémoire de nous », et il ajouta que « afin que

(1) Arch. de la Seine-Inférieure, Cour des Aides, 25 mai 1529.

« ceux qui y voudront venir demeurer soient plus
« affectionnés à bâtir édifices et maisons », il les
affranchissait pour toujours et *tous ceux qui y viendront*
de ce jour en trois ans de toutes *tailles*, aides, subsides
et impôts même de l'imposition foraine, mais à la
condition que chaque maison bâtie sera de la valeur
d'au moins 500 livres.

Enfin, voulant pour ainsi dire combler sa chère
ville *françoise* de ses bienfaits, il y institua, en 1535,
par lettres patentes données à Vateville, au mois de
mai, ratifiées par d'autres du 25 juin suivant, deux
foires franches par an « lesquelles dureront chacune
quinze jours, et commenceront, l'une le lendemain du
dimanche de Quasimodo, et l'autre le 26 novembre,
lendemain de Sainte-Catherine. » Dans les considé-
rants de ces deux lettres, le Roi s'exprimant ainsi :
« attendu que notre ville *Françoise* de grâce... de nou-
« vel construite est et pourra être l'une des princi-
« pales villes de notre pays de Normandie.... » prophé-
tisait en quelque sorte l'avenir de cette ville, dont le
développement, pour s'être un peu fait attendre, devait cependant atteindre de si grandes proportions
par la suite. '

Ces développements successifs sont tellement connus, qu'il est inutile d'en parler ici ; la construction
de l'église Notre-Dame ne fut commencée qu'en 1536,
sur l'emplacement même de l'ancienne chapelle de
Grâce ; jusque-là, quoi qu'on en ait dit, cette chapelle
avait été la seule église du hàvre neuf ; on comprend
du reste, en voyant les efforts tentés successivement
par François Ier, pendant vingt ans, pour assurer le
*populement* de cette ville, que jusqu'à l'année 1535,

sa population ne dut pas augmenter bien rapidement.
Toute l'activité des ingénieurs et tous les efforts du
Roi, depuis 1516, avaient été portés exclusivement
sur les constructions qui devaient faire de Grâce le
magnifique port rêvé par François Ier, et l'on ne
songea à bâtir une église qu'après avoir bâti la grosse
tour et le port. Cependant, la chapelle était en si
triste état et si délâbrée, que l'eau de la mer l'enva-
hissait souvent, à tel point qne le prêtre, pour officier, était obligé de monter sur les bancs, et que le
peuple assistait à cheval à la messe.

On dit que l'église Saint-François fut commencée
en 1542; mais, sur cette église et sur celle de Notre-
Dame, un arrêt inédit du Parlement fournit quelques
détails précis et intéressants.

En 1582, au mois de novembre, Me Pierre Dubosc, curé d'Ingouville, étant décédé, Me Pierre Deschamps, procureur du Roi au siége de Montivilliers,
éleva la prétention qu'au Roi seul appartenait le
droit de présenter aux cures du Hâvre de Grâce; il
s'appuyait sur ce fait qu'en 1543 le Roi avait déclaré
« prendre en sa main comme souverain tout le terri-
« toire de la ville, entendant qu'il n'y eût aucun
« autre que luy qui se puisse dire seigneur et pro-
« priétaire dicelui; qu'à ce titre il adressa commis-
« sion au Sr de Belarmato pour, en son nom, faire les
« alignements et fieffer les fonds; qu'en 1551 le Roi
« Henri adressa au Sr de la Mailleraye commission
« pour fieffer en son nom le fonds enclos dans ladite
« ville à la charge toute fois de récompenser les sei-
« gneurs particuliers. » On ajoutait encore « qu'en
« 1531, après avoir fait ceindre la ville de fortes

« murailles, le Roi avait fait bâtir et fonder deux
« églises, l'une de Saint-François et l'autre de Notre-
« Dame en laquelle au haut du cœur il avait fait
« apposer ses armes et celles du Duc d'Orléans et du
« Prince Dauphin, pour monstrer qu'estant les
« dites armoiries au lieu où ont accoustumé les pa-
« trons mettre leurs armes, il faut présupposer que
« le Roy est seul fondateur des dites églises ; ....
« c'est aussi au même titre de seigneur souverain
« que le Roi Henri a fait depuis fonder l'hôpital basty
« en la dite ville. »

A cette prétention, Jacques Léger, maintenant
Sr de Graville, notaire et secrétaire du Roi, prétendant comme seigneur avoir seul droit au patronage,
répondait que :

« Précédemment que le Roi eust mis le Havre
« entre ses mains, il était bâti et construit en partie ;
« que de toute ancienneté il y avait une maison bâtie
« à usage de taverne ou les mariniers venaient
« prendre leurs rafraîchissements et que s'appelait
« ce lieu une Crique : que dès 1516 plusieurs habi-
« tants d'Ingouville *royant que cette place s'accommodait*
« pour profiter avec ceux qui trafiquent par la mer,
« prirent du Sr de Graville des fieffes sur ce fond pour
« y faire bâtir. »

Continuant l'historique de la construction du Hâvre
après avoir cité le séjour de l'amiral Bonnyvet et
celui de Le Roy du Chillou « qui voulait plutot son
« profit particulier que les affaires de sa commission »
le Sr de Graville dit que dès la construction du Hâvre
et de « ses bâtiments *les deux chapelles de Notre-Dame*
« *et de Saint-François avaient été construites en forme de*

3

« petits hangards, où il y avait à chacun un autel pour
« célébrer messe. Toutefois les sacrements n'y étaient
« point administrés ; seulement comme il arrivait
« que des enfants nés durant la nuit ne pouvaient
« être portés sans danger à Ingouville, le curé auto-
« risa les chapelins de Notre-Dame et de Saint-Fran-
« çois à y avoir des fonds. »

Il résulte des deux plaidoyers qu'en l'année 1582 il
y avait dans les deux églises 20,000 communiants à
Pâques.

Le Sr Léger, seigneur de Graville persiste dans sa
réplique, à soutenir qu'au moment où François Ir
prit possession de la Crique de Grâce, il existait déjà
des maisons que les habitants d'Ingouville y avaient
bâties pour s'accommoder avec les gens qui trafi-
quaient par la mer.

Ceci soutenu devant le Parlement, à 60 *ans de la
première construction* du Havre-de-Grâce, en présence
de gens qui pouvaient en avoir gardé personnelle-
ment le souvenir, mérite quelqu'attention.

En résumé, sur ce point, le Parlement donna gain
de cause au seigneur de Graville et reconnut que lui
seul était patron et avait droit de présenter aux deux
Eglises de la ville du Hàvre-de-Grâce (1). Les choses demeurèrent en cet état jusqu'à l'époque du
Concordat. Le sieur de Graville conserva son droit
de patronage ; les deux églises du Havre furent
desservies par des chapelains ou vicaires subordon-
nés au curé de la paroisse Saint-Michel d'Ingouville.

(1) Arrêt du Parlement, 17 juillet 1586.

Le premier curé connu d'Ingouville et de la chapelle de *Grâce* est Pierre Droulin, qui décéda en 1521.

Etienne de Rains, qui lui succéda, mourut en 1548 et fut remplacé par Jacques Vymont, qui résigna en 1556.

Adam Deschamps, qui lui succéda, résigna à son tour en 1567.

Pierre Dubosc. pourvu en sa place, décéda en 1582.

Guillaume Hamard, pourvu à sa place, permute avec Jehan Louvel qui fut l'occasion du procès.

Ce qui précède n'est à vrai dire qu'une sorte d'entrée en matière sur un sujet qui n'a point été traité par les historiens du Havre, du moins en ce qui concerne le xvi⁵ et le xvii⁵ siècle, je veux parler de son commerce et de sa marine.

S'il n'en a été rien dit jusqu'ici, c'est que sur ce point, les documents sont fort rares ; et si j'essaie moi-même d'en dire quelques mots c'est beaucoup plus pour appeler de nouvelles investigations que pour avoir le plaisir de publier quelques notes qui, par elles-mêmes, n'auraient que bien peu d'importance si elles devaient demeurer isolées.

La première de ces notes nous oblige à remonter à l'année 1522. A cette époque on avait déjà, parait-il, *conçu le projet* de construction *de la Grosse Françoise* ou tout au moins d'un navire exceptionnellement grand et fort, que l'on ne désignait encore que sous le nom *du Grand Navire.* En avril ou mai 1522. Le Roy du Chillou avait délivré à deux Anglais propriétaires et commandants du navire *Le Georges* un sauf-conduit pour apporter au *port neuf* du Havre-de-Grâce *du charbon de terre pour subvenir a la construction* DU GRAND NAVIRE et pour fondre artillerie. Le 11 juin, alors qu'il allait lever l'ancre, un navire de Fécamp monté par un grand nombre de gens de guerre et commandé par Louis Leparmentier, Fouque et Leriche, était ancré en rade et le guettait ; il fondit sur eux et, à un jet de pierre du port, les prit malgré leur sauf-conduit.

Le Parlement déclara cette prise nulle.

A cette époque, l'on s'en souvient, Le Roy du Chillou était depuis 1519, en procès avec le sieur de Graville pour la propriété de 24 acres de terre qu'il avait voulu s'approprier et qui, par l'arrêt du 13 mai 1524, furent définitivement reconnus appartenir au sieur de Vendosme, héritier par sa femme, de Louis de Graville, décédé sans enfants en 1516.

Il paraît que du Chillou était fort âpre à s'enrichir aux dépens d'autrui, et que non content des avantages qu'il s'adjugeait sur les terres, en abusant des pouvoirs qu'il tenait du Roi comme directeur des travaux du port, il exploitait aussi son titre de vice-amiral en exerçant sur mer le métier de pirate.

Propriétaire de deux navires armés et équipés en guerre, il les envoyait en mer « pour faire (disait-il) la chasse aux ennemis du Roi » mais en réalité **pour courir sus aux navires étrangers et s'enrichir de leurs dépouilles.**

Ainsi fit-il en 1522 : vers la fin de juillet, un nommé Gaspard Centurion, citoyen de Gênes, avait chargé son navire le *Saint-Anthoine* d'une grande quantité de marchandises pour les transporter aux Indes et en trafiquer avec les naturels. Parvenu à la hauteur du Hâvre-de-Grâce, mais encore à une assez grande distance, il fut accosté, le *soir*, « par une barque armée et équipée en guerre qui le somma au nom du sieur vice-amiral Le Roy du Chillou d'amener et de le suivre jusqu'au Havre pour y justifier de sa nationalité. Bien qu'il eût 150 hommes avec lui, Centurion n'essaya aucune résistance et s'en alla de conserve avec la barque nommée « barque du sieur du Chillou. » Mal lui en prit d'avoir été si confiant, car à peine arrivé au Havre, en vertu d'une sentence rendue sur l'heure par *Le Roy-du-Chillou lui-même*, on le constitua prisonnier dans « une tour en lieu obscur et ténébreux » et on lui déclara que par la même sentence ledit sieur vice-amiral, assisté du sieur Jacques Destimauville, son lieutenant, et de Guillaume Desmalleville son greffier, avait confisqué à son profit ledit navire *Saint-Anthoine* et tous les biens et marchandises qu'il contenait.

Centurion demeura prisonnier jusqu'au 27 mars de l'année suivante, époque à laquelle, ayant pu saisir le Parlement de l'appel formé par lui contre Le Roy du Chillou, cette Cour ordonna sa mise en liberté immédiate et de plus ordonna d'instruire le procès et de dresser un inventaire des biens et marchandises que le vice-amiral s'était appropriés.

Aux dates des 22 mai et 10 juillet, les parties revinrent devant le Parlement et enfin par un dernier arrêt du 7 août 1523, l'affaire fut définitivement jugée au profit de Centurion malgré les longs plaidoyers du sieur du Chillou et les divers incidents de procédure qu'il souleva au cours du procès.

Sans parler des dommages-intérêts auxquels il fut
condamné et qui s'élevaient à plus de *huit mille livres*
avec intérêts à dix pour cent du jour de l'emprisonnement de Centurion *jusqu'à parfait paiement*, il fut
encore condamné sous des contraintes déterminées
par l'arrêt du 10 juillet, à restituer toutes les marchandises dont je crois intéressant de donner la
curieuse liste malgré sa longueur :

La Cour condamne ledit Guyon Le Roy, sieur du
Chillou à payer audit Centurion :

668 Ducats pour 64 pipes grandes de vin blanc,
reliées à 4 cercles en fer;

Pour 23 ballots de savon blanc pesant 2,500 livres,
85 ducats;

Pour 350 bouteilles d'huile d'olive, contenant 134
reues, mesure d'Espagne, 84 ducats;

Pour sept pièces de draps de Londres étant cha-
en un ballot de frises, auxquelles y avait 25 au-
de frises en chacun ballot, 220 ducats;

Pour dix grandes pipes de fleur (farine) de blé,
taxées à cause de la grande cherté à 180 ducats;

Pour trois petits coffres de dyamants faux de
Venise de diverses couleurs, 84 ducats;

Pour un coffret auquel y avait 109 haches de fer et
29 picquois, 25 ducats;

Pour deux pièces de draps de Rouen fin, du sceau
dudit Rouen, 60 ducats;

Pour 98 douzaines de poissons secs, appelés mor-
luts, 35 ducats;

Pour trois mille formes pour faire le sucre avec
mille monts de briques pour faire le moulin à sucre,
28 ducats;

Pour deux moulins de fer à blé avec six meules de pierres, 12 ducats ;

Pour un tonneau en quel est trois cent quarante paires de poulies de corde, et demie pièce de drap de Barcelonne, 37 ducats ;

Pour un grand cabas plein de gros fil et de menu pour lier les sucres, pesant 165 livres, 6 ducats ;

Pour 25 roues ou rones, mesure d'Espagne, de vinaigres ou de grandes bouteilles, 5 ducats ;

Pour un baril en quel y avait, 28 milliers de clou pour les casses de sucre, 24 ducats ;

Pour un grand coffre fermant à clef et cloué de clous dedans lequel y avait, 128 chemises fronssées de soye à usage d'homme et 97 paires de chausses de toile, onze aulnes de drap de Londres fin, 25 paires de brodequins de maroquin, 2 robes à usage de femme, l'une toute de velours, couleur d'azur, l'autre de damas gris, bordé de velours cramoisi à trois bandes larges, une pièce de satin rouge, contenant chacune deux aunes, une paire de chausse d'escarlate bordée de velours et six aunes de frize pour couvrir les choses dessus dites, 120 ducats ;

Pour quatre pièces et deux demie, l'une de tafetas noir de 26 aunes, l'autre de damas noir contenant 19 aunes 2/3, l'autre de satin noir de 33 aunes 3/4, l'autre de damas noir contenant 61 aunes, 190 ducats ;

Pour un engin de métal œuvré en 55 pièces pour *fondre et affiner* sucre, 330 ducats ;

Pour 27 sacs de blé, achetés au temps de cherté, 108 ducats ;

Pour six grands sacs de riz, pesant 400 livres la pièce, 64 ducats ;

Pour deux grands sacs de châtaignes seches et pelées, pesant 550 livres, 11 ducats ;

Pour une pipe d'amande, 10 ducats ;

Pour sept pièces de fine toile pour chemises, montant à 290 aunes, 26 ducats ;

Pour la moitié du navire *Saint-Antoine-de-Pade* 350 ducats.

Suit encore une longue énumération d'objets divers, tels que robes, chausses, literie, pièces de drap, de toile, de satin, de velours, de damas et de frizes, le tout couvrant trois grandes pages d'une écriture fine et serrée et dont le total se monte en définitive à 7,813 livres, 17 sols, 10 deniers.

Centurion avait en outre demandé des dommages-intérêts « pour l'emprisonnement de sa personne en la tour du Hâvre-de-Grâce où il avait été fort mal traité, » mais la Cour repoussa sa demande.

Il fut également éconduit pour une demande de 3,000 livres de dommages-intérêts basée sur ce que par son emprisonnement, il n'avait pu continuer son voyage aux Indes, ni recueillir les biens et marchandises que Mathieu Centurion, son frère, décédé *aux Indes* y avait laissés.

En condamnant Guyon Le Roy du Chillou à payer toutes ces sommes, la Cour dit qu'il y sera contraint par la prise et la vente de tous ses biens, *meubles et immeubles* et par toutes autres voies dues et raisonnables. Centurion une fois rendu à la liberté, s'empressa de revenir à ses opérations sur la mer. De son côté Le Roy du Chillou *envoya plusieurs de ses navires au Bresil et aux Indes*, pour y trafiquer et par une transaction qui ne fût homologuée par la Cour que le 14 février 1526 (1527). Il s'obligea pour le cas où ses navires reviendraient au Hàvre avant un an, à solder entièrement à Centurion la moitié qu'il restait lui devoir sur le montant de la condamnation ci-dessus.

On était alors à l'époque des entreprises lointaines. De Rouen, de Dieppe et d'Honfleur, partaient fréquemment des navires chargés de marchandises pour aller trafiquer aux Indes ; la ville de Rouen était alors le grand comptoir où les négociants normands venaient s'approvisionner de vivres, de munitions de guerre et de marchandises ; son port était continuellement encombré de navires en charge, beaucoup de ces navires appartenaient aux divers ports de la Normandie.

Mais le port du Hàvre-de-Gràce n'était pas encore en état de prendre une grande part à ce mouvement commercial. En effet, à l'exception des navires dont Le Roy du Chillou était propriétaire et dont il usait comme on vient de le voir, soit en les envoyant trafiquer au *Brésil* et aux *Indes*, on ne voit arriver *librement* au Hàvre-de-Gràce qu'un très petit nombre de navires marchands avant l'année 1535. On ne s'y occupe que de l'achèvement du pont, des fortifications, de la construction de quelques maisons et de celle des navires de guerre.

Dès le 17 mai 1533, on trouve dans les registres du Tabellionage de Rouen, qu'en vertu d'un acte passé à Tours, le 13 juillet 1532, entre l'amiral de France, agissant au nom du Roi, et Gerosme Féo, ce dernier avait été *nommé pour le fait de la grosse nef nommée la Françoise du Hàvre de Gràce, à la condition*

*expresse qu'il fournirait bonne et valable caution.* Féo
n'ayant pas fourni cette caution, noble homme Jehan de
Vymont, trésorier général de la marine, fut chargé de
s'assurer par lui-même, si, oui ou non, Féo avait fourni
sa caution ; à cet effet, il se rendit d'*Harfleur, lieu de sa
résidence*, à Rouen, d'abord devant le bailly, ensuite
devant les notaires, le bailly lui dit n'avoir reçu aucune caution pour Féo ; la réponse des notaires fut
semblable à celle du bailly, mais ils ajoutèrent :
« Vrai est que, huit jours en ça, Alexandre Rous-
« selle, ci-devant résidant à Rouen, s'est comparu et
« a cautionné le-dit Féo de fournir et accomplir le-
« dit contrat *alors* qu'il serait délivré au-dit Féo la
« somme de trente mille livres contenue et mention-
« née au-dit contrat (1) ».

Ce document isolé m'a paru assez curieux pour le
mentionner ici ; quoique l'histoire de la grosse Françoise soit parfaitement connue, je crois que cette
première difficulté était demeurée ignorée, et que,
comme l'acte qui nous la révèle fait connaître en
même temps le nom de l'entrepreneur, il était bon de
le signaler ; il montre en outre que si le Roy tenait
rigoureusement à l'exécution des engagements pris
envers lui, il était moins scrupuleux dans l'accom-
plissement de ceux qu'il contractait lui-même.

Cependant en 1535 le commerce maritime commença à prendre vie au Havre ; les actes du tabellionage nous montrent en effet d'assez nombreux
traités d'affrètement ; c'est d'abord Jehan Domelin,
dit Genevois, qui affrète sa nef la Françoise, du port

(1) Tabellionage, 17 mai 1533.

de 139 tonneaux, à Olivier Pardé, de Rouen, pour prendre partie de sa charge au Havre de Grâce et l'autre partie en Angleterre, pour ensuite cingler vers Marseille, Villefranche, Ligourne, Naples, Messine et Palerme, et en rapporter des marchandises tant audit Havre de Grâce, qu'à Londres et Anvers.

Jacques Malo, demeurant à Dieppe, maitre d'une nef nommée *La Fleur de Lys*, de 80 tonneaux, affrète cette nef à André de Malvende, marchand à Rouen, pour faire voyage à Callix, à Ligorne, à Civiteviege et revenir faire sa décharge au port du *Hâvre de Grâce*, à Londres, Anvers et Rouen; l'affrètement sera payé, savoir : 19 livres par tonneau de marchandises apportées au *Hâvre de Grâce*, 22 livres 10 solz par tonneaux de marchandises portées à Londres où à Anvers, 20 livres pour ce qui sera porté à Rouen, sur le quai. Il y aura 24 hommes d'équipage et deux pages. 25 écus seront payés au capitaine pour ses chausses.

Alain Gobin, marchand à Harfleur, ayant affrété d'un sieur Coudray, de Rouen, le navire la *Trinité* est allé en Irlande chercher des cuirs et autres marchandises et les a rapportés au *Hâvre de Grâce*.

Sostène Levallois, demeurant à Honfleur, maitre de la nef *La Barbe*, du port de 140 tonneaux, affrète cette nef à André de Malvende et à François de Torrès, tous deux demeurant à Rouen, pour faire semblable voyage que *La Fleur de Lys* et rapporter ses marchandises au *Hâvre de Grâce*.

Guillaume Delisle, maitre de la nef *Le Jacques*, du port de 65 tonneaux, affrète cette nef à André de Malvende, Melchior de Mouchique et Nicolas de Connel, marchands à Rouen, pour partir du *Hâvre de*

*Grâce*, après y avoir reçu son plein chargement et cingler droit à Portugalette, à la Rochelle, à Anvers et revenir au quai de Rouen. — Le prix du fret est de 14 livres par tonneau et 50 livres pour les chausses du capitaine.

Thomas Leblond, maître de la nef *La Louise*, du port de 65 tonneaux, l'affrète à André de Malvende, pour faire voyage à Calix, Gibraltar, Carthagènes, Alicante, revenir à Calix et de là au *Hâvre de Grâce* ou *Hâvre neuf*, pour de là revenir à Rouen.

Pierre Baignares, à son retour de Mailloque, vend un quart et un seizième lui appartenant dans le navire *Le Jacques*, flottant au *Hâvre de Grâce*.

François Legrin, demeurant à *St Denis du chef de Caux*, capitaine de *la Marie*, du port de *Françoise de Grâce*, armée en guerre, a fait un voyage durant lequel il a pris en mer deux navires espagnols ; mais cette prise fut déclarée nulle parce que les navires capturés appartenaient à Jean de Quintanadoine, André de Malvende, Melchior de Mouchique et François Dangoule de Rieux, Espagnols naturalisés Français et demeurant à Rouen.

Raoulin Dehors, demeurant à Quillebeuf, maître du navire *la Julienne*, de 80 tonneaux, de présent au *Hâvre de Grâce*, appareillé pour aller à Bordeaux se charger de vins et les rapporter à Rouen. (1)

Ces quelques notes présentent à peu près la liste de tous les navires qui de 1535 à 1543 apportèrent

(1) Tabellionage, 2 octobre 1535 ; 22 mai, 2, 8 juin, 11 décembre 1536 ; 22 avril 1539 ; 4 avril, 15 juin, 30 juillet 1541 ; 22 novembre 1542 ; 10 avril, 5 décembre 1543.

des marchandises au port du Havre et elles suffisent pour donner une idée du peu de commerce qui s'y faisait jusque-là.

Mais en 1544 et 1545 les grands armements pour la guerre que François Ier rêvait imprimèrent, non seulement à la nouvelle ville *Françoise de Grâce*, mais aussi à celles de Rouen, d'Honfleur et de Dieppe, un mouvement extraordinaire. La Seine entre Rouen et le Havre, pendant ces deux années, fut littéralement presque toujours couverte de navires, petits et grands, dont le tonnage variait depuis 25, 30, 40 tonneaux jusqu'à 80, 100 et 120. Les actes de vente et d'affrètement de navires ne se comptent plus tant ils sont nombreux dans les Registres du Tabellionage, et l'on y voit que ces navires appartenaient en nombre à peu près égal aux ports de Rouen, du Havre et d'Honfleur.

Mais, disons-le, ce grand mouvement maritime nuisit beaucoup plus au développement du commerce qu'il ne le favorisa. Autant de navires enrôlés dans l'armée navale, autant de moins restaient disponibles pour le commerce, et, tant que dura cette malheureuse fièvre guerrière, on ne vit plus ni contrats d'affrètement, ni emprunts à la grosse, ni entreprise commerciale.

Quant aux 150 navires de guerre et 26 galères que le Roi faisait construire, la ville de Rouen s'en ressentit fort peu. C'est pourquoi mes notes ne révèlent que des détails sans beaucoup de valeur sur quelques-unes de ces constructions. J'ai dit plus haut, en parlant de l'armateur Ango, la mission dont il avait été chargé en 1544 pour l'avitaillement de plusieurs de ces navires, mais je n'ai pas parlé des galères qui étaient alors en construction à Rouen et au Havre-de-Grâce. Voici le peu que je sais sur ce point : En 1544, le sieur Pierre de Caulx ( ou de Vaulx ), était capitaine général des galères du Roi ; c'est sous sa direction que six de ces galères furent construites. il en distribua l'entreprise entre trois chantiers, l'un à Rouen, l'autre au Havre, et le troisième au port des Damps, près Pont-de-l'Arche. L'entrepreneur fut un Italien, nommé Baptiste Auxilia.

Pour les deux galères de Rouen, Auxilia établit son chantier au Vieux-Palais. mais comme il ne pouvait seul mener à fin l'entreprise pour le temps fixé, il sous-traita avec Jean Letailleur, maître avironnier, Charles Hébert et Gohorel, maîtres charpentiers à Rouen ; on voit même que ces sous-traitants sous-traitèrent encore avec d'autres gens du métier, car, suivant un marché du 23 mars 1544, Letailleur s'associa sept autres avironniers qui s'engagèrent à lui fournir tous les avirons nécessaires pour équiper non-seulement les deux galères en construction au Vieux-Palais, mais encore les deux autres qu'Auxilia avait entreprises au Havre. Ce marché fixe à quinze sols le prix de façon de chaque aviron, mais il y est stipulé que les sept avironniers, tout en paraissant toucher 15 sols, n'en recevront que 14, parce que le sol passant demeurera au profit dudit·Letailleur(1).

La construction des galères paraît avoir été poussée avec une certaine activité, car, dès le 5 juin 1544, je trouve Baptiste Auxilia devant les tabellions de

(1) Tabellionage, 23 et 24 mars 1544.

Rouen et signant un acte par lequel Jehan Bloquetot et Cardin Delavallée, maréchaux de blanche œuvre, à Rouen, s'obligent à lui fournir « quatre grappins « pesant chacun 500 livres et toute la féraille sans « exception, tant en clous de toute sorte que toutes « autres ferailles qui sont nécessaires pour achever « et paragréer les deux galères que ledit Auxilia a « entreprises à Rouen et qui sont commencées. En « ce compris *les chaines qui seront nécessaires pour atta-* « *cher les forçats.* Blaquetot et Delavallée devront, en « outre, établir une forge auprès desdites galères « afin qu'Auxilia ait toujours sous la main les choses « nécessaires. Pour quoi il leur sera payé 14 deniers « la livre qui est 116 sols 8 deniers pour chaque cent « pesant. »

Dans les mois qui suivirent on s'occupa de l'avitaillement et de l'armement de ces galères.

Je vois, en effet, Pierre de Saint-Martin, lieutenant du baron Saint-Blancart, capitaine de trois des galères du Roi, charger Guillaume Leprevost, sieur de Bosc-le-Hard, d'acheter pour l'avitaillement de ces trois galères :

« 200 queues de cidre,
« 40 muids de blé,
« 5 muids de fèves,
« 5 muids de pois blancs,
« Du lard et autres chairs soit salées soit sur pied,
« comme bœufs, moutons et pourceaux (1). »

Jean Blondel, brasseur à Saint-Martin-de-Canteleu, hameau de Croisset, vend, pour les mêmes galères, 50

(1) Tabellionage, 27 mars 1545.

tonneaux de bière, bonne et pouvant se garder trois mois, moyennant 450 livres ; Dieppedalle, brasseur au même lieu, vend également 50 tonneaux de bière pareille pour le même prix, et Jean Leprevôt en vend 80 tonneaux.

Le 2 mars 1545, Alexandre de Manille, capitaine des deux galères du Roi, étant sur les quais de Rouen, reçoit du sieur Voisin, trésorier de la marine, 4725 livres « pour la solde et entretenement des deux « galères qu'il a soudoyées, qu'il entretient et sou- « doie à ses dépens pour le service du Roi, pendant « les mois de janvier, février et mars (1). »

Jean Paquet reçoit 145 livres et un écu pour avoir voituré de Compiègne à Rouen, par eau, cinq canons, six batardés, tous les affûts, rouages, palenneaux et leur équipage et 20,000 livres de poudre, le tout pesant 80,000 livres, à raison de 30 solz par mille.

L'une des galères dont il a été parlé plus haut, *La Couronne*, avait été construite au port des Damps, près Pont-de-l'Arche, et d'après quelques actes du tabellionage, cette galère paraît avoir été décorée avec un certain luxe ; on voit en effet noble homme Pierre de Caulx, capitaine général des galères du Roi, commander à Gautier Du Sailly, Robert Clerot, Jean Jollis, menuisiers huchers à Rouen, deux planchers en bois de noyer pour la galère quadrilaine nommée *La Couronne*, l'un pour la chambre, l'autre pour le cabinet, avec les revêtements des bancs et couches moyennant le prix de 260 écus d'or soleil.

(1) Tabellionage, 2 mars 1545.

Le même jour il fait marché avec Nicolas Quesnel, Guillaume Bony, Richard Lerebours et Guillaume Tranchelion, Tailleurs d'images à Rouen, par le prix de 150 écus d'or soleil, « pour tailler et agréer un compartiment de bois de noïer sec, tout à l'entour des tableaux qu'il convient mettre en la chambre et cabinet de la galère *La Couronne*; lequel compartiment aura deux pouces et demi d'épaisseur, y compris la taille qui aura deux pouces de relief. Le tout sera fait conforme aux plan et devis ; mais les portraits ne seront pas plus chargés d'images que ceux du devis; lesquelles images seront différentes comme le peintre les figure et seront de 28 pouces de hauteur (1). »

D'après ces détails sur les sculptures qui garnissaient la chambre et le cabinet de *La Couronne*, on peut conjecturer que la décoration de cette galère avait été soignée d'une façon toute particulière, et il serait intéressant de retrouver quelque vestige de ces tableaux et de ces images hautes de 28 pouces ; mais qui les découvrira ? Peut-être dans l'un de nos ports militaires, parmi ces vieux débris dispersés que notre musée maritime conserve si précieusement, y aurait-il quelque chance de retrouver les tableaux de *La Couronne* ? Rien ne dit que cette découverte soit impossible.

En 1545 la construction des principaux navires du Roi était terminée; on avait pourvu à leur armement et j'ai dit dans un paragraphe spécial au fameux Angot, de Dieppe, la part qu'il avait prise à leur avitaillement.

---

(1) Tabellionage, 12 janvier 1545.

4

Il ne restait plus, pour terminer, qu'à faire la toilette des navires, c'est-à-dire à faire confectionner les drapeaux et les oriflammes aux couleurs adoptées par François I<sup>er</sup>.

Voici, sur ce point, quelques notes qui ne me paraissent pas dénuées d'intérêt :

Je trouve d'abord, à la date du 1<sup>er</sup> juin 1545, un marché passé devant les notaires de Rouen, aux termes duquel « Isabeau Baillehache, frangière et « marchande publique, épouse de M<sup>e</sup> Jacques Du- « four, notaire en la Cour ecclésiastique, s'oblige « envers messire Charles de Moy, chevalier sei- « gneur de La Mailleraye, vice amiral de France et « commissaire pour le Roy en cette partie, à faire, « fournir et livrer dans trois semaines toutes les « franges de laine des couleurs du Roi et d'autres « couleurs qui sont données en échantillon ; des- « quelles franges il en faudra pour les marmoutures « et étendards des navires du Roy jusqu'à deux « mille aunes, moyennant le prix de six deniers par « aune de la petite frange de laine pour les étendards, « et deux solz par aune de la grande frange pour « les marmoutures ; s'est aussi obligée à faire les « franges de soie des enseignes des navires des cou- « leurs et des soies qui lui ont été baillées par le « seigneur de La Mailleraye du poids de onze livres « et demie dont elle tiendra compte et rendra soit « œuvrée soit en reste. Et lui sera payé cinquante « solz par livre de soie mise en œuvre. »

Le 5 du même mois de juin « Charles Baratte, « peintre à Rouen, s'oblige envers le même Charles « de Moy à peindre 78 enseignes de tafetas des cou-

« leurs du Roy et de messeigneurs le Dauphin d'Or-
« léans et ledit seigneur de La Mailleraye, et sur
« chacune enseigne peindre et asseoir les armoiries
« des dits seigneurs *en fin or et en fin argent et azur* où
« le cas le requerera et le reste des dites couleurs de
« bonne peinture.

« Et asseoir sur deux douzaines et demi des
« enseignes du Roy les armoiries *de fin or avec deux*
« *salamandres et deux faucons* aux quatre coings de
« chacune des dites enseignes.

« Et sur une douzaine et demie des enseignes de
« monseigneur le Dauphin l'escu quartelé en seize
« pièces des armoiries du dit seigneur avec une croix
« et deux arcs turquois d'argent, cartelés aux quatre
« coings de chacune enseigne.

« Et à une autre douzaine et demie pour monsei-
« gneur d'Orléans les armoiries aux armes de France
« avec les lamberaux d'argent et aux quatre coings
« sera cartelé en deux coings deux porc épys et deux
« serpents tenant chacun un petit enfant de gueules en
« la gueulle. Les porc épys d'*or* et les serpents d'azur.

« En chacune des dites armoiries le collier de
« l'ordre avec une couronne dont celle du Roy sera
« timbrée.

« En une douzaine, pour le dit sieur de La Maille-
« raye, seront apposées ses armoiries avec une cor-
« delière d'or autour et chacune une ancre et pour
« chacun des quatre coings une ancre d'argent.

« Le tout en huile et le tout à livrer du joard'hui
« en douze jours.

« Et par le prix de 45 solz pour chacune enseigne. »

Le six juin, Pierre Guillots, marchand, paroisse St-Herblanc, reçoit de noble homme Ja   u  s Vimont la somme de 114 livres « ordonné   ,a   messire « Charles de Moy, vice amiral de Fran e et commis-« saire en cette partie, pour soixante seize aunes de « drap bleu et jaune qui on  été livrées et employées, « savoir : 64 aunes *de drap bleu à faire les marmoutures* « des hunes des navires du Roy et 12 aunes de drap *« jaune* qui ont servi à faire les fleurs de Lys à « asseoir sur les dites marmoutures pour servir au « voyage de l'armée de mer que le Roy dresse « contre ses ennemis. Et ce à raison de 30 solz « chaque aune de drap. »

Le 19 juin « Guillaume de Courteille, maître bro-« deur de Rouen, reçoit de noble homme J. de « Vimont, receveur général de la marine, la somme « de 135 livres pour avoir assis et semé de fleurs « de Lys cent aunes de drap bleu et sur chacune « aune de drap avoir assis en broderie de laine le, « nombre de *vingt fleurs de lys de drap jaune* pour ser-« vir à faire les marmoutures de laine des navires « du Roy en l'armée de mer... à raison de 27 solz « pour chacune aune. »

Geuffrin Lemenu, marchand à Rouen, reçoit du seigneur de La Mailleraye la somme de 1696 livres pour fourniture de 8,900 aunes de rolleaux d'estame et de molette des couleurs *noire, incarnat* et *jaune paille*, et 854 aunes de serge de une aune de large des mêmes couleurs, le tout ayant été employé à faire les *étendards des navires du Roy*.

Charles Barate, peintre, reçoit du même de Vimont 27 livres 10 solz pour avoir peint aux couleurs du

Roy, de messeigneurs le Dauphin, d'Orléans et de la Mailleraye 22 douzaines de demi-piques à étendre les enseignes et pavillons de tafetas des navires du Roy.

Après les décors et l'avitaillement des navires du Roy, il fallait trouver de l'argent pour les payer.

François Iᵉʳ y pourvut au moyen d'un mandement de 64,000 livres sur les bons bourgeois et habitants de Rouen. Mais ceux-ci, déjà épuisés de longue date par les sacrifices de même nature qu'ils avaient été obligés de faire, résistèrent cette fois aussi longtemps qu'ils le purent. Afin de les presser de s'exécuter, on envoya à Rouen un sieur Constantin de la Tour, payeur de la compagnie du marquis de Rothelin et commis de noble homme Jean de Vimont, pour requérir Jean Vollant, receveur général à Rouen, de fournir *comptant* la somme de 40,000 livres tournois nécessaires pour l'avitaillement de l'armée de mer que le Roy fait dresser au Havre-de-Grâce.

Mais Volant répondit qu'il ne pouvait fournir cette somme, ne l'ayant pu recevoir : qu'il a chaque jour fait assembler le conseil de Rouen pour recouvrer 27 mille livres par lui dues sur la solde des gens de pied de l'an passé, que n'ayant rien pu obtenir il les a *fait exécuter et constituer prisonniers*; qu'il a fait également emprisonner les receveurs des décimes de Rouen, d'Evreux et de Lisieux pour ce qu'ils doivent de l'an passé; qu'il a fait saisir le temporel de l'archevêque de Rouen et des évêques d'Evreux et Lisieux; qu'enfin les bourgeois de Rouen se retirent vers le Roi pour lui demander le temps nécessaire pour recouvrer : 1° les 27,000 livres de l'an passé.

2° les 64,000 livres qu'il leur demande pour cette année (1).

D'autres navires et d'autres galères furent encore construits plus tard, mais cela devient moins intéressant à mesure qu'on avance dans le xvi° siècle ; et si je les signale avec quelques détails, c'est surtout pour montrer que rien ne s'entreprenait alors sans qu'on fût obligé d'avoir recours aux artisans et aux artistes de la ville de Rouen. Notre ville, en effet, était, par rapport à la province et même à la Bretagne, ce qu'est aujourd'hui Paris pour toute la France. C'était à la capitale de la Normandie qu'on avait recours dès qu'il s'agissait de faire quelque chose de beau, de grand ou de bon goût, et, sous ce rapport, on peut dire que les armements du Havre profitèrent beaucoup au commerce et à l'industrie des Rouennais.

Le Havre n'aurait pu, d'ailleurs, se dispenser de s'adresser aux Rouennais pour tout ce dont il avait besoin au milieu de ses vastes entreprises ; on avait bien pu faire venir à grands frais, pour la construction des remparts et de quelques navires, des ouvriers italiens et autres ; mais, le travail achevé, ces gens retournaient au plus tôt dans leur pays, et comme il n'existait encore au Havre-de-Grâce aucune corporation d'artisans, force était bien de s'adresser à ceux de Rouen pour les travaux même les plus ordinaires.

Pour en revenir aux quelques navires que l'Etat fit construire en 1548, plusieurs actes du tabellionage nous révèlent les noms de trois navires et

(1) Actes du Tabellionage de Rouen, 1er 5, 15, 19, 27 juin 1545.

d'une galère ; les trois navires étaient : Le *Henry-le-Grand*, l'*Hermine* et le *Normand* ; la galère était nommée *la Négresse*. La coque de ces navires et tout *le gros œuvre de charpenterie* furent faits au *lieu dit de Beaurepos*, après quoi les navires furent conduits au *hâvre de Brest en Bretagne*. La direction de cette construction avait été confiée à noble homme Jehan de Clamorgan, sieur de Saane, nommé à cet effet commissaire du Roi. En décembre 1548, les gros travaux étaient fort avancés et les navires devaient être livrés en état de prendre la mer à la fin de mars 1549 ; le sieur de Clamorgan vint à Rouen pour s'occuper des objets de détail et de l'aménagement définitif. On le voit d'abord traiter avec un charpentier du *Hâvre de Grâce*, Richard Faubuisson et Raullin Daully, maître de navire, lesquels s'obligent à lui fournir, au *Hâvre de Grâce, pour les trois navires en construction à Brest en Bretagne*, nommés : *Henry-le-Grand*, l'*Hermine* et le *Normand*, savoir :

« Douze mille pieds de planches de peuplier, dont il y en aura 4,000 pieds de deux pouces d'épaisseur pour servir aux belles et faux ponts, à raison de 15 deniers le pied ;

« 4,000 pieds de un pouce et demi pour servir aux frontaux et aux chasteaux de devant et de derrière ;

« 4,000 pieds d'un pouce pour servir aux hunes qui feront 8,000 pieds à 12 deniers le pied (1). »

Par un autre marché du lendemain, 28 décembre, Jacques et Henry de Sées, père et fils, peintres, demeurant à Rouen, s'obligent envers le même de Cla-

(1) Tabellionage, 27, 28 décembre 1548.

morgan, « à faire et peindre le nombre de cinquante étendards ou pavillons de tafetas, lequel tafetas leur sera baillé par ledit sieur commissaire, sur lesquels seront peintes les armoiries du Roi avec couronne impériale et les devises dudit seigneur, les armoiries de monseigneur le Dauphin et de monseigneur l'Admiral, èsquelles armoiries sera peint et imprimé l'ordre du Roi. Le tout pour être livré le 1ᵉʳ mars prochain et moyennant la somme de cinquante escus d'or soleil qui est à l'équipolent de 45 solz pour chacun pavillon. Et s'il plaisait de porter à cent le nombre desdits pavillons, ils seraient faits au même prix de 45 solz. »

Le 29 décembre, nouveau marché par lequel Philippe Cotentin, Raoulin Lechien, Henry Desfroissés et Jacques Lechien, tous maîtres du métier de *Taillandiers* (tailleurs) à Rouen « s'obligent à faire les étendards grands et petits et moyens pour servir aux mats, macheraux et vergues des dits trois navires, les couvertures des chasteaux tant de proue que de poupe avec les martières d'icelles et les marmoutures des hunes, le tout garni de franges et les couvertures doublées de toile ; le sieur de Clamorgan s'engageant à fournir les serges, toiles et franges.

Le tout prêt à la fin de février prochain et moyennant la somme de 225 livres. » (1).

Enfin par un autre marché du même jour, Mauger père et fils s'engagèrent « à faire pour *lesdits trois grands navires* étant de présent au port de Brest en Bretagne, de leur métier de *Dinants*, quatre grandes

(1) 29 Décembre 1548, Tabellionage.

chaudières pour asseoir en fourneaux, telles et de l'essence et selon la forme, grandeur et laiseur que le sieur Clamorgan, sieur de Saane, leur a dit et sont demeurés d'accord, et toute prètes de asseoir sur les dits fourneaux à la fin de janvier prochain et ce moyennant la somme de cinq solz six deniers pour chacune livre poisant. »

On s'occupait également alors des fortifications du Havre et de leur armement, car un nommé François, voiturier par eau, à Rouen, reçut de noble homme Pierre Talon, trésorier extraordinaire de l'artillerie du Roi, 90 livres tournois « pour avoir amené de Paris à Pont-de l'Arche, puis à Rouen, et de Rouen au Hàvre-de-Gràce :

« 1,200 boulets à couleuvrines ;

« 20 pièces d'artillerie de fer de fonte avec leurs affûts et ro: ges, savoir : deux couleuvrines bàtardes, six moyennes, six faucons et six fauconnets. »

Il fut également payé à Guillaume Hellot, charron à Rouen, 8 livres tournois, pour avoir fourni au Havre-de-Gràce, deux affûts de bois d'orme, deux paires de rouages et d'essieux en hètre, pour monter deux passavants en fer battu.

Loys de Berre, reçut le mème jour, 11 mai 1551, 2736 livres 9 sols pour l'entretien et nourriture des chiourmes de deux galères besoignant aux réparations et fortifications du Havre-de-Gràce, et pour ses gages de capitaine et ceux de leux argousins barbiers, dispenciers, et 12 mariniers pour la garde des chiourmes, et 420 livres pour les soldats. (Tabellionage, 11 et 18 mai 1551.)

Au milieu de tous ces armements, on doit penser

que le commerce maritime était à peu près nul et que le port de la ville *Francoise de Grâce* n'offrait pas encore une parfaite sécurité aux navires étrangers. Car, jusques en 1584, je n'ai trouvé la trace que d'un seul de ces navires, et encore, était-ce à l'occasion d'un échouement arrivé à l'entrée du port à une nef nommée la *Conception*, du port de 320 tonneaux, laquelle avait perdu dans le sauvetage, douze balles de laine (1) de son chargement.

Citons encore en passant une fourniture de 691 aunes de frange longue et petite pour border les étendards nécessaires aux navires, *les quels s'envont en Agleterre pour le passage* de M. le maréchal de Saint-André. (Tabellionage, 8 juin 1551.)

En cette année 1551 et pendant plusieurs de celles qui survinrent, on s'occupa sérieusement des embellissements et des fortifications.

En 1550, on fit venir, dans la ville du Havre, les eaux de la fontaine de Trigauville près Graville, et ce fut un maître fontainier de Rouen, Gabriel Pillée, qui fut chargé de ce travail. En 1554, on acheta les eaux de Sainte-Adresse pour alimenter les viviers et fontaines du Havre (2).

On fit venir du Vau-des-Leux 2,000 tonneaux de pierres ; on construisit *sur une place près le boullevard Saint-Michel*, une grange spacieuse pour serrer et mettre à couvert les agrez, appareils et ustensiles des navires du Roi. Il fut payé pour tout le bois, planches, lattes et gaulettes, 460 livres à Guillaume

(1) Tabellionage, 18 août 1549.
(2) Tabellionage, 29 juin 1551.

Lemasurier, marchand à Caudebec, qui les avait fournis.

En 1558, pour réparer les dommages faits au Havre par les Anglais et ceux causés par les grandes marées, on fit marché, avec un maître maçon nommé Gratien Belle dit Gouchon, et on lui donna l'entreprise « des ouvrages de maçonnerie de la fortification et emparement de la ville. Il fit d'abord une écluse de 30 pieds de long sur six pieds un pouce de large, en dedans de la muraille de la grande jetée près la grosse tour, et ce, pour faire entrer les eaux venant de la mer et des tranchées d'alentour de la ville, afin de les y retenir quand besoin sera et aussi pour servir de barre à vider le perrey que la mer amenne ordinairement. Le tout ordonné au commencement de l'année 1558, par le sieur de Basqueville, lieutenant pour le Roi audit Hàvre. » Le même entrepreneur avait fait également, au commencement de 1558, beaucoup d'autres travaux, lesquels n'étant point achevés lors de l'entrée des Anglais, furent complétement dévastés par eux; ces travaux consistaient « en grand nombre de murailles, en batteries et cano- « nières sur la jetée, et en une plate-forme au bout de « la grande jetée, pour porter et charrier les pierres et « matériaux et enfin plusieurs batards-d'eaux que la « mer avait enlevés. » Le préjudice causé à cet entrepreneur fut estimé, par les experts, à 1,500 livres, sur lesquels, par accommodement, il n'en toucha que 800 (1).

Il ne me reste que peu de détails à ajouter à ceux

(1) Tabellionage, 26 janvier 1559.

qui précèdent, car en dehors des constructions et des fortifications, en dehors des événements de guerre et des troubles que maintes fois les protestants suscitèrent dans la ville du Havre, rien d'intéressant pour l'histoire du commerce maritime ne s'y produisit. A l'exception d'une douzaine de petits navires qui se livraient habituellement à la pêche des morues de Terre-Neuve et à celle du maquereau, il ne s'y faisait aucun commerce. Pendant tout le xvie siècle et jusqu'en 1664 (1), son port était en si mauvais état qu'un navire de 300 tonneaux ne pouvait y entrer, ainsi que le prouverait encore l'exemple que j'ai cité plus haut. D'ailleurs cette ville n'était alors « que comme un entrepôt du commerce « qui se faisait à Rouen, et le peu de gens qui se mê- « laient du trafic et de la pêche des morues étaient « plutôt des facteurs que des marchands; » et ils avaient si peu d'argent que dans la première moitié du xviie siècle ils n'auraient pu mettre en mer « plus de quinze vaisseaux pour la pêche des « morues, *seul objet de leur navigation.* » En 1664, ils possédaient « trente heux pour naviguer en Seine du « Havre à Rouen (2). »

En 1551, Henri II, par lettres-patentes datées à Villers-Coterets du 23 février, ordonna la réduction de la ville du Havre d'environ moitié; mais l'exécution rencontra tant de difficultés qu'en l'année 1569 on plaidait encore pour les faire interpréter.

(1) Voir le Rapport présenté à Colbert en 1664 par le chevalier de Clerville.

(2) Idem.

Les protestants s'étant insurgés en 1562. se rendirent maitres de la ville, et pour s'y maintenir appelèrent les Anglais à leur secours et la leur livrèrent. L'année suivante, Cossé de Brissac et le connétable de Montmorency, en présence de Charles IX et de Catherine de Médicis, reprirent la ville et en chassèrent l'Anglais.

En 1569, le roi consulte le sieur de la Mailleraye sur le lieu qu'il conviendrait de choisir pour la citadelle qu'il veut faire construire au Havre. Avis est donné au même des menées des ennemis et des Français réfugiés avec eux en mer ; on arme des vaisseaux pour les poursuivre.

Depuis ce moment, les protestants qui étaient fort nombreux au Havre, vaincus et mécontents, devinrent de plus en plus turbulents, et le Parlement fut maintes fois obligé de s'occuper d'eux.

En 1570, ils prirent une part très grande dans la conspiration de Dieppe, laquelle fut instruite et jugée en Parlement par la chambre des enquêtes.

En 1572, on construisit des halles et une boucherie sur l'emplacement du Palais de justice actuel ; et provisoirement on installa au premier étage les diverses juridictions du Bailliage et de la Vicomté ; on appelait cela la *cohue du Roi* et non pas la colue, comme on l'a mis en page 40 de l'histoire du Havre par M. de Commaick ; mais comme on désirait faire un bâtiment assez solide et assez grand pour y pouvoir installer les juridictions et que cette construction menaçait de coûter un peu cher. le Parlement s'y opposa et ordonna « qu'une enquête serait faite pour « savoir quels moyens ont les habitants du Havre

« pour faire bâtir une maison tant pour y tenir la
« juridiction que pour loger et incarcérer sûre-
« ment les prisonniers (1); » après quoi la construction fut commencée (1573), mais non pas terminée,
car les fonds ayant manqué, il fallut suspendre les
travaux et s'adresser au Roi pour en obtenir un secours, lequel ne fut accordé qu'en 1587, par lettres-
patentes enregistrées au Parlement le 13 mai. Elles
accordaient aux habitants du Havre *un don de* 1333
*écus pour la construction d'un lieu pour tenir et adminis-
trer justice et servir de prison.*

On était ainsi arrivé à cette fatale affaire de la Saint-
Barthélemy qui souleva l'indignation de tous les
Français et qui naturellement alluma tant de haines
et de projets de vengeance parmi les réformés.

Depuis l'année 1563, Corberon de Cardillac, sieur
de Sarlabos, était gouverneur de la ville du Havre;
c'était un homme d'un caractère énergique, mais peu
disposé à favoriser les menées des réformés ; M. de
Conninck me paraît bien sévère et peut-être pas très
juste à son égard, car sans fournir aucune preuve ni
aucun détail et en mettant sa responsabilité à couvert derrière celle de Mézerai, il accuse Sarlabos
d'avoir fait fusiller *six cents* protestants du Havre, et
comme si cela était indifférent, il n'indique ni le jour
ni le mois, ni même l'année où ce massacre aurait eu
lieu (2); seulement, il place son récit immédiatement
après la Saint-Barthélemy, de façon que l'on pourrait
croire que les deux massacres furent simultanés; en

(1) Arrêt du Parlement, 6 mars 1573.
(2) M. de Conninck est protestant.

même temps il s'abstient de signaler les troubles que les protestants suscitèrent au Havre en 1573 et qui donnèrent lieu à de nombreuses poursuites devant le Parlement qui instruisit l'affaire et ne put la terminer qu'à la fin de 1574. Ce procès était ainsi qualifié: *Tentative faite sur le Havre par aucuns sujets du Roi.* Or, comme le gouverneur Sarlabos fut obligé d'intervenir et qu'il fit échouer la tentative en employant la force, ne serait ce pas à cet événement que Mézeray a voulu faire allusion quand il a porté contre ce gouverneur l'accusation rapportée plus haut? Me trouvant actuellement dans l'impossibilité de tenter une recherche sur ce point, je ne peux que citer trois arrêts du Parlement des 22 novembre et 7 décembre 1574 et une lettre de messire de Moy, sieur de la Mailleraye, adressée au Parlement, et qui est ainsi conçue :

« Messieurs, après avoir fait saisir quelques ungs
« chargés d'avoir fait entreprise sur la ville du Hàvre
« de Grâce, j'en avais à l'instant adverty le Roy pour
« entendre sur ce l'intention de Sa Majesté, mais d'au-
« tant que chacun jour il s'offre des occasions qui
« requerent prompte diligence et aussi que dillation
« (retard ou délai) en telle chose pourroit apporter
« dommage au service du Roy, il m'a semblé être con-
« venable de vous en donner advis sans attendre la
« réponse de sa dite Majesté afin que preniez sur ce
« résolution s'il sera propre de députer commissaires
« pour envoyer sur les lieux pour avoir tant plus
« de moyen d'approfondir ces choses *avec autre occa-*
« *sion survenue au précédent* celle qui s'offre qui semble
« avoir quelqu'adhérence avec la dite entreprise. Me

« remettant à la créance du sieur Daunois présent
« porteur qui vous le fera entendre de bouche, qui
« me gardera de vous faire cette plus longue si non
« pour me recommander humblement à vos bonnes
« grâces. Suppliant le créateur vous donner, Mes-
« sieurs, en bonne santé, bon heur aise et longue **vie**.

« De Caudebec le 28ᵉ jour d'octobre 1574.

Votre entierement servible amy,

De Moy... »

C'est à la suite de cette lettre que le Parlement se saisit de l'affaire et rendit les trois arrêts des 22 novembre et 7 décembre 1574.

L'année suivante le Roi fit don au sieur Sarlabos de toutes les terres du retranchement de l'ancienne ville du Hàvre, comprenant *trente acres de terre*, et ce pour le *récompenser* de ses bons services (2).

Maintenant, pour résumer ce chapitre, je répète que jusqu'à l'avénement d'Henri IV le Hàvre ne fut autre chose qu'un port de guerre et que le commerce maritime y fut presque nul; il ne commença que vers 1598 et ses progrès furent assez rapides, car pour chacune des années 1628 et 1629 le Registre de l'amirauté constate l'entrée de 220 navires. L'amirauté de Rouen constatait, pour l'année 1614, l'entrée dans son port de 850 navires.

Mais en 1670 et 1676, le Hàvre avait peu progressé, car le Registre de son amirauté ne constate l'entrée que de 295 navires et heux, tandis que celle de Rouen en enregistrait *cinq par jour*.

(1) Parlement, registre secret, 29 octobre 1574.
(2) Parlement, arrêt du 31 juin 1575.

Je termine ces notes par la liste du menu d'un grand dîner qui fut donné au Hàvre le 22 août 1584.

André Brancas de Villards venait d'être nommé gouverneur du Hàvre en remplacement du sieur Sarlabos, lequel avait lui-même succédé à Charles de Moy, seigneur de la Mailleraye. Afin de donner une haute idée de sa munificence le sieur de Villards offrit un banquet aux autorités et aux principaux de la ville, mais comme il n'était pas possible de trouver au Hàvre un rôtisseur capable de fournir tout le nécessaire, il vint à Rouen et, devant les notaires, il passa et signa le bizarre marché dont voici le texte exact :

« Du 20 août 1584 — Andrieux de Lyvey, rôtis-
« seur-cuisinier à Rouen, paroisse Saint-Pierre-
« Lhonoré, s'oblige envers messire André de Villards,
« lieutenant et gouverneur pour le Roy au Hàvre de
« Gràce, à livrer au dit seigneur, au dit lieu du
« Hàvre, pour le souper du mercredi 22 courant,
« heure de midi ; savoir, deux cochonnets, quatre
« courrieurs, quatre panneaux, deux levraulx, deux
« marquassins, huit perdraux, douze teurtres, douze
« cailles, quatre petits poulets dindes, deux oysons
« gras, douze beccassines, huit rameaux, quatre
« lapins de garenne, quatre levraux francs, quatre
« guelinottes à fleur, un chevreuil, quatre cercelles,
« douze petits poulets et douze petits pingeonneaux.
« Le tout pour le souper du dit jour mercredi.

« Et pour le disner du lendemain semblable nombre
« et quantité de viandes, le tout lardé et accommodé
« prêt à mettre en broche.

« Le tout moyennant le prix de 50 escus 2 tiers.

5

« Et s'il ne pouvait fournir les dix marquassins il
« sera déduit 2 écus 2 tiers de la somme ci dessus.

« Signé, de Villards, de Lyvey. »

Ainsi fut inauguré le nouveau gouvernement du
Hâvre de Grâce.

V.

ROUEN

*Son commerce, sa marine, ses industries.*

On trouvera dans des chapitres spéciaux les notes
relatives aux voyages des *Indes*, du *Brésil*, des *Canaries*, du *Pérou*, etc., etc., faits par des navires, des
capitaines ou des marchands de Rouen; j'ai cru devoir les diviser ainsi afin de rendre les recherches
sur les contrées plus faciles, réservant pour le chapitre *Rouen* tout ce qui se rattache au commerce avec
l'Espagne, l'Angleterre, la Flandre et nos divers
ports français,

—

Malgré toutes les vicissitudes que la ville de Rouen
avait traversées et qui, tant de fois, avaient tari les
sources de son commerce et de son industrie en
anéantissant la fortune publique et celle de beaucoup
de ses plus riches commerçants, elle était douée
d'une telle vitalité que toujours elle s'était relevée,
grâce à l'énergie de sa population, à son caractère
ferme et réfléchi et à ses habitudes de travail, d'éco-

nomic et de sobriété qui la préservèrent à toutes les époques, et même encore en ce siècle, des excès auxquels tant de cités florissantes ont dû leur ruine.

Le négoce, pour lequel notre ville eut toujours des aptitudes particulières, lui avait créé, depuis plusieurs siècles, de précieuses relations avec les nations les plus commerçantes.

Par suite de ces relations, des Anglais, des Zélandais, des Flamands, et surtout des Espagnols, des Italiens et des Portugais affluaient sans cesse à Rouen, y établissaient des comptoirs et souvent finissaient par s'y faire naturaliser. Ce fut surtout dans les dernières années du xv⁰ siècle et au commencement du xvi⁰ que cette affluence d'étrangers se manifesta d'une manière plus sensible. Aussi vit-on bientôt apparaître dans les actes et dans les opérations du commerce une foule de noms étrangers. J'en pourrais citer tout d'abord un grand nombre, mais je me borne à en signaler quelques-uns parmi les plus importants, tels que : Centurion le Genevois, Alunca de Civile, Pierre Saldaigne, Thomas de Médine, Jehan de Langroune, Jehan de Béjard, Samson de Morolles, Jehan de Bonshoms, Jacques de Civille, Charles de Querigny, Bastien Alphonse, Antoine Gonzalve, Jehan d'Acosta, Jehan de Quintanadoine, André de Malvende, Francisque Scarphy, François de Rieux, Albaro de la Tour, Nicolas Daclainville, Melchior Mouchique, et beaucoup d'autres dont les noms se retrouveront dans les notes qui vont suivre et qui, presque tous, ont tenu, dans le commerce rouennais, le rang le plus élevé.

On conçoit donc que l'établissement de tant d'étrangers dans la ville de Rouen dut être très-profitable à son commerce extérieur en créant des débouchés nouveaux et en apportant à ses habitants des connaissances, des procédés et des ressources dont, avec leur bon sens pratique et leur finesse ordinaire, ils devaient promptement profiter.

La marine fut la première à tirer parti de cette situation nouvelle. En échange de nos produits que ces étrangers expédiaient dans leur patrie, ils faisaient apporter sur les quais de Rouen des masses considérables de matières premières, de laine, de coton, de soieries, de denrées coloniales, de sucre, gingembre, matières tinctoriales, etc., etc.

Malheureusement mes notes sont très pauvres sur la fin du xv⁰ et sur les commencements du xvi⁰ siècle; jusqu'en 1525, les actes du tabellionage font défaut et je n'ai eu, pour combler cette grande lacune, que les quelques arrêts de l'Echiquier et du Parlement qui eurent à statuer sur les prises des navires marchands. Forcément donc j'aurai peu de voyages maritimes à signaler dans le cours de cette période pourtant si curieuse à étudier.

Comme on va le voir, je n'ai pas négligé les petits lieux ni les petits navires dont les voyages avaient pour limites les côtes de Normandie et de Bretagne, ni même les relations de commerce entre Rouen, Dieppe, Honfleur, le Havre, Cherbourg, Fécamp ou Brest, voyages d'une médiocre importance sans doute mais qui, ayant pour objet la vente ou l'achat de produits et de denrées du sol normand, n'en étaient pas moins des opérations commerciales bonnes à signaler. Cependant, j'ai dû m'attacher avec un soin tout particulier aux voyages de long-cours qui furent entrepris par des marchands, des capitaines et des navires du port de Rouen.

Le premier de ces voyages se place à l'année 1507.

En effet, cette année, Robert Leprevost affretta le navire *la Magdeleine de Rouen* pour porter à Calmardir, pays d'Angleterre, une forte quantité de marchandises. On stipula dans l'acte que le navire aurait 35 jours pour décharger ses marchandises. Le capitaine, nommé Jean Leblond, avait accepté cette condition mais il avait été convenu que si les 35 jours ne suffisaient pas, il serait tenu de rester à Calmardir 5 jours de plus et que, dans ce cas, Leprevost lui paierait chacun de ces jours à raison de 30 solz tournois. Mais le voyage ne fut pas heureux. Par fortune de mer la *Magdeleine de Rouen* se trouva obligée d'aborder à Saint-Yves et d'y attendre durant six semaines la fin des tempêtes qui l'y avaient poussée (1).

D'ennui et de misère, l'équipage se mutina, et l'armateur Leprevost, qui avait voulu faire le voyage pour veiller à ses marchandises, vit se tourner contre lui la fureur des matelots et reçut un coup de poignard. Le voyage ne fut pas continué et l'on revint à Rouen où l'on plaida longuement au civil et au criminel.

En 1514, Guillot, de Dieppe, partit avec son navire *le Volant*, pour une destination inconnue ; il rencontra en mer un navire hollandais, lui donna la chasse, le prit, et le conduisit à Boulogne et s'appropria tout

(1) Arrêt du Parlement, 30 mars 1508.

ce qui composait son chargement. Mais les propriétaires, Hollandais, portèrent plainte devant le Parlement où, dans de longues plaidoiries, on discuta les traités internationaux et les usages de la mer, après quoi Guillot fut condamné à restituer tout ce dont il s'était emparé (1).

L'année suivante, un autre navire de Dieppe, *la Normandie*, prit en mer un navire nommé *le Nicolas*, mais on ne trouve ni les noms des capitaines, ni ceux des propriétaires. On a vu plus haut que *la Normandie* appartenait au fameux Ango.

Mais voici un nom connu dans le négoce rouennais ; c'est le sieur Bonshons, qui devint plus tard conseiller au Parlement et seigneur du Petit-Couronne ; propriétaire de deux navires dont l'un, *la Trinité*, passait pour le meilleur voilier de l'époque, il avait été signalé au Bâtard de Savoye, alors gouverneur de cette province, et ce dernier l'avait chargé de lui porter en Savoye une quantité considérable de fer et de plomb dont il avait besoin. Or, à cette époque (1520), il était expressément défendu de transporter aucunes victuailles et l'on ne pouvait armer ni équiper un navire sans permission de l'amiral. Bonshons voulant, en apparence, se conformer aux arrêts du Parlement, demanda l'autorisation d'équiper *un* navire nommé la *Trinité* ; mais il abusa de l'autorisation, il équipa deux navires au lieu d'un et il les chargea non-seulement de soixante milliers de fer et de douze milliers de plomb, mais encore de soixante letz de hareng saur, d'une quantité considérable de morues sèches, de trente pipes de cidre, de biscuit et autres victuailles. Mais la fraude ayant été découverte, les deux navires furent saisis et toutes les victuailles confisquées et vendues au profit des habitants de Rouen, après quoi les deux navires furent rendus à Bonshons avec autorisation de conduire le fer et le plomb à leur destination (1).

Le coton filé nous était apporté de Venise en assez grande quantité, mais il faut constater que les usages de la mer et la piraterie n'étaient point de nature à favoriser ces envois. En 1522, un sieur Charles de Querigny avait fait venir deux navires chargés de seize balles de cette marchandise ; rencontrés en mer par deux nefs dont l'une était appelée *la Fleur de Lys* et l'autre *la Cigogne* dont était maître Cardin d'Esqueville, seigneur de Bléville, les deux navires de Querigny furent assaillis et les seize balles de coton filé passèrent aux mains du seigneur de Bléville qui, sans doute, ne crut pas déroger en commettant cet acte de piraterie.

En la même année, je retrouve encore le fameux Guyon Le Roi, seigneur du Chillou, vice-amiral au Hâvre ; mais cette fois il s'est associé Jacques de Civille, bourgeois marchand à Rouen, et tous deux ont pillé en mer le navire *Sainte-Marie de la Conception* avec toutes les marchandises qu'il contenait. L'affaire fut portée devant le Parlement par Bastien Alphonse, Portugais, propriétaire du navire et des marchandises, et les conseillers de Cormeilles et Jubert, chargés, d'examiner l'affaire, amenèrent les parties à transiger.

(1) Arrêt du Parlement, 21 janvier 1521.

Au mois de février 1523, Raoul Lehutru, Colin Mallet, Guillaume Leblond et Robin Leprieur avaient chargé sur un navire qui leur appartenait et qui était amarré au Hâvre de Ravenoville, en Cotentin, grand nombre de marchandises, de beurre, suifs, lard, fèves, chanvres, et autres provisions et victuailles qu'ils devaient porter à Dieppe. Ayant cinglé en mer et se trouvant entre Dives et Estrehan, le 8 mars suivant, ils firent rencontre d'un navire armé en guerre par les Anglais, alors nos ennemis, qui prit et dépréda leur navire et l'emmena vers l'Angleterre; mais tôt après, environ sept à huit heures avant que les Anglais pussent arriver en leur territoire, Favrel qui se trouvait dans ces parages avec son navire *la Barbe*, les attaqua, reprit ledit navire, l'amena au Hâvre de Saint-Valery et prétendit qu'il était de bonne prise pour lui. D'abord l'amirauté lui donna tort et le condamna à restituer; il appela devant le Parlement. Là, Lehutru, Mallet, Leblond et Leprieur soutinrent que la prise ne pouvait être déclarée valable, puisque l'usage de la mer, le long des côtes du pays de Caux et de la Normandie, est tel que quand un navire de France est pris *Jure belli* des ennemis et depuis rescous de la main et puissance des ennemis par autre navire de France dedans les trois marées ou trente-six heures ensuivant la prise faite, en ce cas, ceux qui ont fait la reprise ou rescousse sont tenus restituer aux premiers dépredez leur dit navire et chose rescousse sans rien retenir et n'ont droit qu'au quart ou au tiers du sauvetage.

Favrel essaya de soutenir qu'il ignorait la première

prise, mais le Parlement confirma la sentence de l'a-
mirauté (1).

L'amiral d'un port français prélevait habituellement son dixième sur toute prise faite en mer et
amenée dans un port de sa juridiction. Or, en l'année
1524 Sevestre Gilles, bourgeois d'Honfleur, étant en
mer sur son navire *la Barbe*, qui était armé et équipé
en guerre, avait rencontré deux navires espagnols,
les avait attaqués et pris avec leur cargaison consis-
tant en sucres, melasses et merlants. Il revenait vers
Honfleur avec sa capture lorsque, surpris par un
grand coup de vent et une forte tempête, il fut jeté
sur les côtes de Bretagne. Le sieur Pierre Le Bidoux,
sr de Lartigues, qui était alors vice-amiral de Bretagne, prétendit qu'il lui appartenait de juger la prise,
il la déclara bonne et légale, fit procéder à la vente
des deux navires et des marchandises, s'adjugea son
dixième sur le tout et laissa ensuite le capitaine re-
gagner paisiblement Honfleur, son port d'embarque-
ment.

Cependant tout n'était pas fini pour Gilles ; en effet,
ayant fait dès son arrivée, comme il le devait, le
rapport de son voyage devant l'amiral de Normandie,
celui-ci prétendit qu'il avait droit au dixième de
la prise puisque *la Barbe* appartenait au port d'Honfleur et qu'elle y déclarait sa prise. Gilles appela les
deux amiraux devant le Parlement.

Le Parlement jugea que le dixième appartenait à
l'amiral de Normandie et condamna celui de Bretagne
à rendre ce qu'il avait reçu (2).

(1) Parlement, 14 février 1526.
(2) Parlement, 22 décembre 1525

En l'année 1525, la guerre étant déclarée entre la
France et l'Espagne, les navires espagnols couvraient
la mer le long des côtes de Normandie et de Bretagne,
à tel point qu'il n'était plus possible à un navire normand, si bien armé qu'il fût, de s'aventurer pour le
plus court voyage. Ainsi, pour aller en Brouage (faire
leur sel), dans l'un des ports de la Bretagne, ils
étaient obligés de se réunir et de composer une flotte.
C'est dans une circonstance semblable que trente-
cinq navires qui devaient aller en Bretagne faire leur
sel, s'étaient réunis en vue du Hâvre de Grâce pour
partir tous ensemble et se prêter réciproquement
secours et assistance. Parmi eux se trouvait le navire *la Pensée*, de 90 tonneaux, bien armé et bien
équipé en guerre, avec une bonne artillerie; il appartenait à Pierre Durand et à Guilbert Guerey. Deux
autres navires, *la Pie*, appartenant à Jehan Chef-
dostel, et *la Catherine*, appartenant à Pierre Chefdos-
tel, faisaient partie de cette flotte. Le dixième jour
de décembre 1535, ayant obtenu du vice-amiral la
permission nécessaire, la flotte leva l'ancre et fît
voiles vers la Bretagne. Pour mieux conduire leurs
affaires et assurer l'ensemble de leurs manœuvres,
tous les navires, d'une commune voix, constituèrent
pour leur amiral le navire *la Pensée*, comme le plus
grand et le mieux équipé. Tous les autres navires
promirent et jurèrent à l'amiral *la Pensée* de lui tenir
foi et devoir et celui-ci de bien les guider; tous les
jours chacun des navires de la flotte allait recevoir de
l'amiral *le signe et mot du guet*. A certain jour, une
flotte espagnole, composée de 13 forts vaisseaux de
guerre, bien armés et équipés, ayant 400 hommes

armés, fondit sur la flotte normande qui d'abord reçut bravement le choc ; on se battit pendant huit heures sur une étendue d'environ neuf lieues. Pendant tout ce temps, le *navire amiral la Pensée* remplit noblement sa mission ; voyant l'affaire engagée, la mêlée complète. et ses associés en danger, il s'élança au milieu, fit feu de toute son artillerie et tua grand nombre d'Espagnols, mais à la fin, vaincu par le nombre, il se trouva cerné et pris, malgré le secours que s'étaient empressés de lui apporter les autres navires associés. Après cet échec. qui termina la bataille, tous les navires de la flotte normande se retirèrent au port du Morbihan. Mais depuis longtemps les navires *la Pie* et *la Catherine* avaient disparu et l'on avait constaté que seuls ils n'avaient pas pris part au combat et n'avaient porté aucun secours à *la Pensée.* Aussi, dès que les maîtres de *la Pensée* se retrouvèrent libres, leur premier soin fut-il d'appeler devant la justice les deux Chefodstel et de leur demander des dommages-intérêts motivés sur les conséquences de leur lâche abandon, sans lequel peut-être *la Pensée* n'aurait pas été prise ; quelques autres navires avaient fui également au moment où les Espagnols paraissaient être vainqueurs, mais on ne savait au juste quels ils étaient ; c'est pourquoi ils faisaient, en demandant condamnation contre le navire *la Pie* et *la Catherine*, leurs expresses réserves pour le cas où ils découvriraient les autres fuyards.

Ce qui fut accordé par la Cour le 17 juillet 1526 (1).

En 1523, un autre navire également nommé *la*

---

(1) Parlement, 17 juillet 1526.

*Pensée,* du port de Dieppe, avait, sous le commandement du capitaine Jehan Leduc, livré combat à un navire flamand nommé *le Saint-Jacques* et l'avait pris avec toute sa cargaison, qui se composait de grande quantité de cuivre, de divers métaux, de boulets et de pièces d'artillerie. *La Pensée* ayant amené sa prise à Rouen, c'est à Rouen que la vente fut ordonnée, et qu'elle eut lieu. Mais comme un grand nombre des hommes de l'équipage avaient été *occis* pendant le combat, et que leurs héritiers (au nombre de 200), n'étaient ni présents ni représentés, on remit à plus tard la répartition des fonds, et afin d'assurer à l'amiral, quand le temps en serait venu, le paiement de son dixième, le Parlement ordonna que les cuivres et une partie des deniers provenant de la vente, seraient consignés aux mains des Échevins de Rouen. Déjà partie de ces cuivres avait été achetée par un fondeur rouennais, nommé Nicolas Lefebvre. Croyant bien faire dans l'intérêt de la ville, dont on pressait alors l'armement et les fortifications, les Échevins allèrent trouver Lefebvre et le chargèrent de faire pour la ville, avec les cuivres qu'il avait achetés, des pièces d'artillerie pour lesquelles ils s'obligèrent à payer, *à qui de droit,* 3.500 livres. Un peu plus tard, quand ont eut découvert les deux cents héritiers des matelots occis, ces héritiers, le capitaine Jehan Leduc, et les survivants de l'équipage, joints aux héritiers de l'amiral qui réclamaient, en son nom, le dixième qui lui était dû, exigèrent des Échevins le paiement des sommes dont ils avaient reçu la consignation. Ceux-ci se trouvèrent alors fort embarrassés; ils n'avaient point de fonds et s'excusèrent comme ils purent, en disant qu'ils avaient fait de grandes dépenses pour la réparation des fortifications et pour subvenir aux pauvres; qu'ils n'auraient point traité avec le fondeur s'ils avaient pu prévoir qu'on leur réclamerait si tôt le paiement des deniers; que s'ils sont contraints de payer, ils seront forcés de revendre l'artillerie, faire suspendre et délaisser les édifices *du boulevard Cauchoise* et *de la Tour du Colombier* et les autres fortifications.

Se rendant à ces considérations, la Cour accorda aux Échevins un délai de quatre mois. Ils demandaient un an (1).

Voici un nom qui nous est déjà connu; c'est Jaspar Centurion, marchand génois, le même qui plaida pendant plusieurs années contre le vice-amiral du Havre, Guillon Le Roy du Chillou, et le fit condamner à lui restituer la valeur d'une prise importante que le Parlement déclara nulle.

Aujourd'hui Centurion s'est définitivement établi à Rouen, dont il est devenu l'un des plus importants commerçants; il a fait venir près de lui deux de ses neveux, Vincent et Gérôme Denegro, et les a associés à son commerce. Je les trouve, en 1526, donnant pouvoir à Guillaume Betremont d'aller en Brabant, et par tous les autres pays qu'il voudra, acheter toute sorte de marchandise. Ils le chargent en outre de recueillir tous les verres et marchandises qui arriveront pour eux dans le Duché de Normandie, de les vendre et de les expédier à toutes personnes par tel prix que bon lui semblera.

(1) Parlement, arrêts des 1er avril 1524, 1er, 15, 21 juillet et 5 août 1525.

Enfin, il charge sur le navire *le Jacques*, capitaine
Lemenu, du port de Saint-Pol-de-Léon, 805 muids de
sel, mesure de Brouage, que *le Jacques* devra porter
en l'île de Zélande, et livrer à Vincent et Gérôme de
Negre, en leur maison d'Anvers, et à raison de
8 livres, monnaie de Flandres, pour le transport de
chacun cent de sel. Et en cas de perte du navire par
fait de guerre, Centurion s'oblige à payer pour le
prix du navire, de son artillerie et apparaux, la
somme de 2,800 livres (1).

Voici un arrêt du Parlement, qui est plutôt relatif
à la guerre qu'il ne l'est au commerce, mais il peut
être bon de le citer à titre de curiosité :

Robert Mahiet, dit Bonnebotz, chargé d'une galère sous Maurice Jonas, capitaine, auquel le Roi a
donné la conduite de « certain nombre de galères que
« le Roi fait dresser et mettre sus au pays de Pro-
« vence, pour s'opposer à la descente que les Turcs et
« ennemis de la foi catholique y font ordinairement, »
présente des lettres patentes qui « l'autorisent à se
« faire délivrer, pour tirer la rame des dites ga-
« lères, le nombre de cent prisonniers criminels,
« nommés forçats par lesdites lettres, tous renieurs
« de Dieu et de sa glorieuse mère, joueurs et hasar-
« deurs de dés et cartes, jeux défendus, pipeurs,
« ruffiens, gens essorillez, banis, qui seraient re-
« tournés par dessus leur ban et mal vivants sur les
« champs, sans maître, commission et adveu du
« Roy, qui ont mérité la mort ou autres peines cor-
« porelles et qui soient en telle convalescence qu'ils

(1) Tabellionage, 19 et 27 juillet, et 20 octobre 1526.

« puissent tirer la rame, excepté ceux qui auront
« commis hérésie ou crime de leze majesté. »

La Cour accorde ladite requête et ordonne que « les
« prisonniers étant ès prisons de la cour et autres
« prisons du pays de Normandie, ensemble les vaga-
« bonds, oisifs, malfaiteurs cœpables pour ledit acte
« qui ont mérité et desservi la mort ou autre puni-
« tion corporelle seront délivrés aux suppliants en
« faisant apparoir de leur pouvoir et puissance et en
« leur donnant réception, à la charge de les rendre
« au temps que la cour ou les autres juges auront
« fixé pour leur peine suivant les crimes par eux
« commis » (1).

Nous arrivons à une époque où les relations commerciales avec les côtes de l'Espagne devinrent assez
actives et nous allons nous efforcer de les suivre au
moyen des quelques notes que j'ai pu recueillir sur
ce sujet.

Jean Delisle, demeurant à Vatteville, affrette son
navire *la Martine*, du port de 110 tonneaux, pour faire
voyage à Saint-Lucques, Cadix et Gibraltar et en rapporter des marchandises à Rouen (2).

En 1532, Robert Costentin, de Dieppe, affrette sa
nef, *la Ferronnière*, de 80 tonneaux, à Guillaume
Roullart, pour faire voyage en Espagne et côtes du
Portugal ; elle était armée de vingt-huit hommes en
harnois et de deux pages ; elle avait quatre grosses
pièces d'artillerie tirant à boulet de fer ; quatre
grands passevolants de moyen calibre tirant aussi à

(1) Parlement, 23 août 1531.
(2) Tabellionage, 17 juin 1531.

boulet de fer; six arquebuses à crochet et lances à
feu; plus les munitions de poudre et boulets. Elle
emportait 75 tonneaux de marchandises et devait en
rapporter 75 autres. Boullard s'obligeait à payer pour
le fret 180 livres par mois, plus 40 livres pour les
chausses du capitaine (1).

En 1533, Poulain, maître de la nef nommée *la
Bonne-Aventure*, du port de 35 tonneaux, emporta de
Rouen à la Rochelle : une balle de garence, 56 bouts
de bois du Brésil, 52 médailles, 12 petites brouettes,
6 verriers, une grosse de lanternes, mille pelles en
bois, 4 monts de plâtre, 8 meules de moulin, 8 paniers de verres, 8 balles de couvertures et de tapis
de table (2).

En 1537, *la Ferronnière*, indiquée dans le précédent paragraphe, et *la Bonne-Aventure*, s'associèrent la
*Dodine*, et les trois vaisseaux, naviguant de conserve,
bien armés et bien équipés en guerre, prirent la mer.
Ayant rencontré deux navires espagnols qui reve-
naient du Pérou, ils leur donnèrent la chasse, les
prirent et s'emparèrent de leur cargaison qui se composait d'or et d'argent en lingots, et de platine : le
tout estimé, savoir : l'or à 451 mares, l'argent à
1964 mares, plus 80 pesées de billon, chaque pesée
étant de 28 livres, soit 2240 livres (3).

Le 2 juin 1536, le Parlement prononça la dissolution
« de la prétendue compagnie française des marchands
de vin pour les droits de choix et de mueson » (4).

(1) Tabellionage, 27 mai 1532.
(2) Tabellionage, 13 juin 1533,
(3) Tabellionage, 3 juin 1541.
(4) Arrêt du Parlement, 2 juin 1536.

En 1539, trois navires, *la Marie*, appartenant à David Boismare, *la Croix de bleu*, appartenant à Jacques Belain, et *la Loyse*, appartenant à Thomas Leblond, tous trois de Notre-Dame-de-Caumont, partirent pour les côtes d'Espagne, Gibraltar, Lisbonne et le Portugal.

François de Torrès, marchand à Rouen, partit également, en cette même année, sur son navire *le Nicolas*, pour Cadix et Anvers.

Voici une grosse affaire qui, durant plus de trois ans, occupa les audiences du Parlement.

Trois navires normands, *l'Andrieu*, *la Petite-Martine* et *la Jument*, armés et équipés en guerre, s'étaient associés pour donner la chasse aux navires étrangers.

En l'année 1539, ils déprédèrent le navire *Saint-Nicolas* dit *Corpo-Sancto*, appartenant à Jean Dacosta, Espagnol résidant à Rouen, et *le Claude*, appartenant également à un Espagnol, résidant français. On discuta pendant longtemps sur les usages de la mer, sur la validité des prises, et enfin la Cour les déclara nulles, et condamna les maîtres et victuailliers des navires *l'Andrieu*, *la Petite-Martine* et *la Jument* à restituer 13,000 livres au maître du *Saint-Nicolas* dit *Corpo-Sancto*, et 3,000 livres à celui du *Claude*. La Cour prononça onze arrêts dans cette affaire qui, commencée devant elle le 8 avril 1540, ne fut terminée que le 29 novembre 1542 (1).

En 1540, Pierre Donnet, maître d'une nef de 30 tonneaux, nommée *la Marguerite*, part *de la Bouille* avec un chargement pour Calais.

(1) Parlement, 8 avril 1540 et 29 novembre 1542.

6

Cette même année, Louis Legrand, capitaine du navire de guerre *le Noyer*, et Michel Boismare, capitaine du navire *le Sauveur*, de Dieppe, avaient fait prise d'un navire portugais, appartenant à Emmanuel Poix, à Jehan Martine et à Antoine Avos, lequel était chargé de 167 caisses de sucre estimées à 10,000 livres. La prise ayant été reconnue illégale, Legrand et Boismare devaient la restituer, mais le sucre étant déjà vendu, les Portugais acceptèrent par transaction la restitution des 10,000 livres en espèces(1).

En 1543, Marin Delahaye, maître du navire *le Jacques*, du Tréport, et Jean Veulles, son capitaine, bien armés et équipés, firent en mer une prise très importante; mais, au lieu d'amener leur navire à Tréport, ils chargèrent le capitaine Jacques Doublet, de Dieppe, de le conduire en Bretagne, dans un petit port appelé le port Blanc, allèrent l'y rejoindre, et dressèrent l'inventaire de la prise. Elle se composait d'une quantité considérable de perles, d'or en lingots, de musc, d'ambre gris, de vaisselle d'argent, d'habillements couverts de broderies. Cette affaire était tout à fait mystérieuse, et l'on semblait craindre d'éveiller sur elle l'attention publique. Afin de se débarrasser au plus tôt, et sans bruit, de toutes ces richesses, on fit prévenir secrètement les orfèvres de Rouen. Ils s'y rendirent au nombre de dix, dont voici les noms : Nicolas de Chynerrer, Noël Rousselin, Mathieu Deroux, Jean Carré, Robert Michel dit Duchesne, Nicolas Dugard, Nicolas Jouen, Richard Lefebvre, Pierre Graffart et Jacques Frontin. La vente fut im-

(1) Tabellionage, 26 novembre 1543.

médiatement conclues; mais lorsque, le 19 février, ces
orfèvres furent appelés devant les tabellions de
Rouen pour faire connaître la nature et l'importance
des marchandises par eux achetées et le prix qu'ils
avaient payé, s'enfermant dans de bizarres réticences,
ils déclarèrent qu'il ne leur était resté aucun souvenir ni de l'importance de leur achat ni du prix qu'ils
avaient payé (1)!..

Nous voici parvenus à une époque où la nature du
commerce rouennais commence à s'accentuer; jusqu'ici, nos actes ne révélaient que des navires chargés de marchandises, d'or, de perles, d'oiseaux, mais
on ne voyait jamais arriver ni partir, soit des matières premières, soit des tissus ou autres objets con-
fectionnés ou fabriqués. Bientôt nous rencontrerons
quelques-uns de ces détails et nous aurons soin de
les signaler.

Constatons d'abord qu'en 1521, les marchands espagnols étaient très nombreux à Rouen; qu'ils y faisaient venir de leur pays des laines en quantité considérable; mais ces laines étaient tellement sales
qu'on était obligé de les secouer fortement, de les
étendre sur des claies et de les battre avant de les
laver. Il advint même que les marchands rouennais
voulurent empêcher la vente de ces laines et que le
Parlement dut intervenir et déclarer qu'il prenait les
Espagnols en sa sauve-garde (2), et qu'il les autorisait
à vendre leurs laines.

On sait qu'il existait alors à Rouen, sur la paroisse

(1) Tabellionage, 19 février 1544.
(2) Parlement, arrêt du 1er juin 1521.

Saint-Vivien, une maison connue sous le nom de
Feuillerie des Espagnols, et c'est à ce point de vue
que j'ai mentionné ce petit fait.

De leur côte, les Anglais nous apportaient une
grande quantité de frises fabriquées en Angleterre,
ils étaient autorisés à les faire vendre à la halle, après
ou sans aunage, suivant la volonté de l'acheteur. Ils
furent même l'occasion d'une sage réforme dans la
manière d'auner. On découvrit que « certains au-
« neurs *mettaient à chaque bout de l'aune, entre le bout*
« *et le pouce, deux ou trois doigts de distance,* ou évent,
« les uns plus, les autres moins ; dont il advient sou-
« vent que quand les frises ont une fois été aunées
« si on les fait auner une seconde fois, il se trou...
« une si grande différence que sur deux ou trois mille
« aunes il s'y est trouvé une tare de 160 à 200
« aunes (1). » Un arrêt du Parlement défendit
expressément aux auneurs de donner désormais du
*pouce ou évent.* Le droit des auneurs était de cinq solz
par cent aunes, payés par le vendeur.

Déjà, en 1517, les petites fraudes de l'aunage avaient
été dénoncées au Bailly de Rouen, qui les avait con-
damnées ; mais les courtiers auneurs, d'accord avec les
marchands *acheteurs,* n'en avaient tenu aucun compte ;
ils voulurent éluder de même l'arrêt de 1522, mais
alors ils rencontrèrent l'opposition des marchands
*vendeurs* de draps de Lyon, d'Orléans, de Genève,
ainsi que celle des marchands de draps et toiles de
Rouen qui les appelèrent devant le Parlement. Cette
Cour, en maintenant son arrêt du 8 mai 1522, con-

(1) Parlement, arrêt du 8 mai 1522.

firma la sentence rendue sur la matière en 1517 par
le Bailly de Rouen, et déciat, en même temps, que
sur les 40 courtiers auneurs, dix seulement par
chaque semaine feraient l'aunage exclusivement, et
que les autres, aussi exclusivement, se livreraient
au courtage (1).

En 1537, deux gallions, du port de Fécamp, nommés *le Bon-Espoir* et *la Bonne-Aventure*, firent prise
d'un navire nommé *l'Ange*, du port de 120 tonneaux,
chargé de quatre barils de bray ou poix, 2,700 pièces
de bois dit en flamand chliphont, quatre barils de
cendre à couronne, un letz de blé et six barils de farine. Ces marchandises, ainsi que le navire *l'Ange*,
appartenaient à Pierre Destourwithz et à Pierre Elbec,
marchands de Hambourg et Amsterdam. La prise fut déclarée nulle, comme ayant été faite en contravention
des traités d'entre la France et la Hollande (2).

En 1541, Thomas Couq, marchand à Rouen, chargea sur une nef nommée *la Marye*, du port d'Anvers,
« de présent au quai de Rouen : cinq demi-balles de
« papier, onze ballots de canevas, huit ponchons
« blancs de cartes, deux tonneaux blancs de cardes,
« un tonneau de vin, trente-deux paniers de verre,
« six douzaines de bouteilles, *trois bahuts de livres*,
« cinquante rames de papier et deux selles à cheval.
« Le tout pour être porté à Londres (3). »

Pierre Dumouchel, marchand à Rouen, chargea sur
un autre nef, *la Marie*, capitaine Jacques Moinvault,

(1) Parlement, arrêt du 23 décembre 1526.
(2) Tabellionage, 15 juin 1541.
(3) Tabellionage, 23 juin 1541.

25 tonneaux de bois de Brézil, pour porter à la Rochelle.

Jean de Quintanadoine, marchand à Rouen, reçoit d'Espagne (Bilbao), 246 balles de laines (1).

Francisque Scarphy, marchand florentin, demeurant à Rouen, obtint du Roi le privilége de fournir d'aluns tout le royaume, pendant dix ans.

Jacques Masures, marchand à Rouen, fournit à Jean Marc, marchand de verres à boire, demeurant à Senonches, pays du Perche, pour 31 livres de soude à faire du verre (2).

On devait déjà fumer la pipe en 1543, car à la date du 18 juin, et à des dates postérieures, il existe au tabellionage de Rouen des actes passés au nom de Loys Thierry, marchand à Honfleur et propriétaire pour partie d'une nef nommée la *Madeleine*. Ce Loys Thierry avait l'habitude, quand il signait au bas d'un acte, de dessiner tant bien que mal, une tête d'homme ayant à la bouche une pipe, c'était sa signature ; il n'en avait pas d'autre. (14 et 18 juin 1543).

En 1544, François de Rieux, Albaro de la Tour et Nicolas Daclainville, marchands à Rouen, vendent à Pierre Boursier, marchand à Paris, 44 tonneaux et 3 barriques de vin d'Espagne, par le prix de 2013 livres, 9 solz.

André de Malvende, marchand à Rouen, reçoit 56 balles d'épiceries, poivre et gingembre et en expédie deux tonneaux à Paris.

Melchior Monchique, Albaro de la Tour, Pierre de

---

1) Tabellionage, 11 septembre 1543, 17 janvier 1544.

2) Tabellionage, 18 janvier.

Sallezard et François de Bézard, marchands à Rouen, ont fait venir cent balles de gingembre; ils en expédient à Lyon douze tonneaux, pesant chacun 600 livres.

Guillaume Bocheron avait chargé sur son navire *la Marie*, pour un sieur Dupont de Rouen, douze muids de vin frais, quatre pipes vin d'Espagne, 407 morues, 5 barils de maquereaux, deux ponchons pleins d'œufs, pour porter au camp du Roi en passant par Abbeville.

Jehan Bocquet et Robert Michel, marchands de Rouen, paroisse Saint-Jean, fournissent 2,000 barils de chair de bœuf pour l'avitaillement des navires du Roi et en reçoivent le prix qui est de 15,850 livres.

Jacques Ragois, officier de cuisine de Madame la Dauphine, s'oblige envers Jean Goursault, verdurier de ladite dame, de quérir, fournir et trouver toutes les herbes, verdures et autres choses requises et nécessaires, que ledit Goursault est tenu fournir en la maison de ladite dame, à cause de son état de verdurier, ... pour le temps de deux ans, à commencer du mois de mai 1544. Le tout moyennant la somme de 40 solz tournois par chaque jour (1).

En 1544, Guillaume F rière, de Rouen, vend quinze balles *de voide de pastel* par le prix de 67 livres 10 solz et soixante muids de sel pour 1,650 livres.

Thibaut Darré vend 195 livres de laine par 31 livres tournois.

Vendu pour servir en la galère quadryrames de la marine du Roi en Normandie, 1,212 aunes de canevas à raison de seize livres les cent aunes.

(1) Tabellionage, 26, 28 avril, 13 août 1544, 14 janvier, 1er avril 1545.

Pierre Labaratte vend au sieur Pierre Deaux, capitaine général des galères du roi en Normandie, 4,000 aunes de toile *colonyne* (1).

Jacques Neovallet, forgeur *de garnitures d'espées*, se loue pendant un an à Jacques Monnepveu, *apoticaire*, pour forger, au profit de ce dernier, autant de garnitures d'espées qu'il en pourra faire; Monnepveu fournira la forge, le logis, le fer, le charbon et tout ce qui sera nécessaire et même un homme pour aide-forgeron. Mais bien entendu il ne fournira quoi que ce soit à la dépense de Neovallet. Il lui paiera seulement la somme de *dix sols pour chaque douzaine* de garniture d'espées qu'il produira (2).

Voici un industriel d'un autre genre : c'est Balthazar Sanches, de la ville de Séville, en Espagne ; il vient à Rouen pour y travailler de son état de sucrier raffineur de sucre, et, pour cela, « il se met et alloue « pour demeurer avec et en la maison de honorable « homme Pierre Dubosc, bourgeois marchand apothi- « caire, demeurant à Rouen, paroisse St Martin du « pont, où pend pour enseigne *Le Mortier d'or* (celui-là « même avec lequel traita, vers la même époque, « Marréot Abaquesne, potier émailler, dont il sera « parlé plus loin), pour le temps et espace de deux « ans, pendant lesquels le dit Sanches sera tenu et « a promis servir bien et dûment et loyaument le « dit Dubosc, tant de son dit estat de sucrier et raffi- « neur de sucre que en toutes ses affaires licites et « honnestes. Et sera tenu et a promis montrer et

1) Tabellionage, 28 novembre, 1er décembre 1.4i, 2, 10, 14 et 19 janvier 1565.

(2) Tabellionage, 5 decembre 1544.

« apprendre au dit Dubosc le dit estat de sucrier et
« rafineur de sucre et à faire confitures au mieux
« qu'il saura.

« Le dit Dubosc sera tenu et a promis fournir au
« dit Sanches le boire, manger, feu, lit, hostel bien
« honnestement et lui paiera pour la première année
« 27 livres et pour la seconde 40 livres (1). »

En 1548, le 4 janvier, Nicolas David, marchand à
Rouen, vendit 500 livres de laine blanche des environs de Fecamp pour 157 livres.

Le onze janvier Hugues Gaugain, de Caen, vendit
à Thomas Bachelet de Rouen, 1500 livres de beurre
sallé en pots, livrables le jour St Jean prochain,
moyennant la somme de 84 livres 7 solz 6 deniers.

Du 26 janvier, Nicolas Massieu, marchand de bois
à Magny, vendit à Noel Belais, marchand à Rouen,
vingt milliers de bois à merrier à compter 104 pour
cent, de dix pieds à toise de longueur, cinq pouces
en un sens et six pouces en l'autre, pour la somme
de 23 livres 10 solz chacun cent.

Du 19 février même année, Thomas Morin et
Toussaint Guillochet, de Rouen, attestent par serment que depuis un mois, ils ont acheté des marchands flamants le charbon de terre du pays d'Angleterre et Newcastle au prix de 85 et de 87 livres le
cent, et celui de Liege au prix de 63 livres 10 solz
et de 65 livres le cent, et *ce à la mesure accoustumée en
cette ville de Rouen* (2).

Un arrêt du Parlement du 27 mai 1547 fournit de

(1) Tabellionage, 18 avril 1548.
(2) Tabellionage, 19 février 1548

bons détails sur l'importance du commerce des prunes sèches, des figues, des raisins, des oranges, citrons et limons. Il fut vendu par les marchands forains aux marchands de Rouen, du 30 avril 1544 jusqu'au 4 janvier 1546, savoir :

De *prunes sèches*, pour 46.991 livres.

Les marchands forains en vendirent aux autres marchands forains pour 53,835 livres.

Les figues et raisins apportés à Rouen par mer et vendus à raison 20 solz le cabas, se montent à 34,020 livres.

Enfin la vente des oranges, citrons et limons atteignit le chiffre de 4,330 livres.

Cet arrêt contient en outre les noms des cinq cents et quelques bourgeois marchands de Rouen qui se livraient au commerce des prunes sèches, des figues et raisins, des oranges, citrons et limons (1).

Nicolas Bazire, maître de la *nef la Trinité*, de 140 tonneaux, part pour le cap de Foy. Il emprunte à la grosse aventure 100 livres.

A cette époque ces départs et ces emprunts sont extrêmement nombreux; on en trouve souvent trois ou quatre pour un seul jour, la moyenne est d'au moins un par jour (2).

Les capitaines Pierre de St Martin et André de Marsay, commandant chacun une des galères du Roi, ont pris en mer deux navires de Hambourg, *le Griph* et *la Meure*; mais le Parlement déclare ces prises nulles. 15 juillet 1547.

(1) Arrêt du Parlement, 27 mai 1547.
2) Tabellionage, 12 décembre 1548.

Abraham Dingouville, maître du navire l'*Adriane*, du port de 60 tonneaux, affrette ce navire à Jacques Leseigneur, de Rouen, pour aller à Lisbonne, y décharger et recharger, puis à Madère et à la côte d'Andalousie; aux quels lieux il sera tenu de séjourner 60 jours pour faire retour aux quais de Rouen. Le *fret est fixé à 14 livres* par chaque tonneau de marchandises portées et rapportées; plus, 45 livres, pour les chausses du capitaine, lequel sera tenu d'équiper le navire de toutes choses nécessaires, avec 21 hommes d'équipage, armé d'un bon passevolant, d'un gros pierrier et de 14 berches garnies de leurs boîtes, lances à feu, poudre et autres munitions de guerre (1).

Bastien Néel, maître maréchal à Rouen, s'oblige envers Cristophe du Refuge, général de l'artillerie du Roi, lieutenant de M. de Brissac, à faire les pièces d'artillerie ci-après :

4 couleuvrines, autrement appelées batardes, tenant boulets de batarde, du poids de 1200 livres ou environ, y compris les deux boulets et ferrure d'affût.

Plus 4 passevolants à grands boulets de moyenne, du poids de 800 livres ou environ, y compris les deux boulets pour chaque pièce et ferrure d'affûts.

Plus 56 Berches, tirant boulets, du poids chaque Berche de 160 livres.

Plus 10 petites Berches pour hunes, pesant de 100 à 120 livres avec les deux bouettes.

Le tout rendu tout prêt, dûment agréé et appa-

(1) Tabellionage, 1er juillet 1549

reillé, moitié à la fin de ce mois, et l'autre moitié le 15 juillet prochain, rendu au garde des munitions du Vieux Palais et bien éprouvé aux dépens du Roi.

Par le prix de sept livres le cent pesant (1).

Raoulin Tuvache, maître de la nef nommée *le Jacques*, du port de 75 tonneaux, appareille pour aller à Cadix et Malaga, à raison de 16 livres de fret par tonneau de marchandises ramenées au quai de Rouen et 20 écus de chausses. — 19 août 1549.

Le 11 septembre 1549 une flotte de trente-un navires s'est réunie pour aller faire du sel en Brouage et Bretagne.

Michel Millon, maître du navire *la Marguerite*, du port de 50 tonneaux, apporte à Rouen, pour les faire transporter *au plus près de l'astellier et fonte* de la ville de Paris, 55 barriques où il y a du métal et 20 grosses pièces aussi de métal, le tout provenant des cloches prises *au Château-Trompette à Bordeaux*, et pesant 63,507 livres (2).

Le 14 avril 1551, Clément Hédent, maître du navire la *Jehanne* ayant apporté de Bordeaux à Rouen 31 tonneaux et une barrique de vin de Gascogne, reçoit 6 livres 10 solz par tonneau pour le fret, y compris le pilotage de Quillebeuf.

Jean Néel, maréchal à Rouen, s'oblige envers M. François de Chaumel, lieutenant-général de l'artillerie du Roy, à faire en bon fer battu :

« 2 grandes Cardinales, garnies chacune de deux « bouettes et de leur forme d'affûts.

---

(1) Tabellionage, 7 juin 1549.
(2) Tabellionage, 14 avril 1551.

« 2 Passevolants, aussi garnis de chacun deux
« bouettes et de leur forme d'affûts.

« 6 Berches pareillement garnies chacune de deux
« bouettes.

« Le tout en fer battu et pesant ensemble toutes nues
« sans affûts ni rouages, 5,382 livres fourni par ledit
« Néel et chargé sur le navire la *Madeleine* au Havre-
« de-Grâce, excepté les deux cardinales montées qui
« sont restées à Rouen.

« Ledit marché fait à raison de 17 deniers la livre
« de fer batu. »

Le 12 avril 1553, Guilbert Casselier, charpentier
de navire, demeurant à Sotteville-lès-Rouen, s'oblige
envers Olivier Martin, demeurant à Rouen, à lui
« construire et agréer bien et dûment en toutes choses
« *un navire* de 34 pieds de quille, 20 pieds de quarts
« de banc, 12 pieds de bordis avec cinq baulx courbez
« tillac, de chaque bout une courbe de baulx et sept
« courts de serre sous le dit tillac. Et sous le dit tillac
« y aura 9 pieds de hauteur ; le dit tillac assouvy de
« courbes et tant qu'il appartiendra bien et dûment.
« Et y aura sur le dit tillac deux cours de noyaux, un
« suzain qui ira jusqu'au grand mât d'icelui navire,
« avec une poulaine. Et y aura en icelle nef quatre
« dallots de chaque bord, la callingue du matériel de
« devant et un fourq ou deux s'il est requis.

« Le dit Martin fournira tous les matériaux, bois,
« clous, étoupe, ferrements, poutres, chevilles et fera
« scier et préparer les bois à ses frais.

« Et paiera le dit Martin pour tout audit Castellier
« la somme de 130 livres (1) ! »

(1) Tabellionage, 12 avril 1553.

Armement d'un navire de 90 tonneaux :

« Un grand mât, le matériel de devant (matériel est
« employé ici pour mâts et cordages); le matériel du
« beaupré, le matériel de misaine, deux matériaux de
« hune, la grande hune, la hune de devant, tous les mâts
« assouvis de toutes vergues — Voiles : un grand papefie
« et deux bonnettes, le borse de sus beaupré, la mi-
« saine, le grand borse de hune, le petit borset de hune
« devant; tous les mâts fournis et assouvis de palants,
« haubans et farains. — Quatre ancres, quatre cables; la
« maître ancre pesant 650 livres. la seconde 450, le ca-
« ble pour les ancres pesant 550 livres ; la troisième an-
« cre pesant 400 livres, le cable pour la dite ancre 500 li-
« vres ; la quatrième ancre pesant 350 livres (1). »

En 1560, il existait à Rouen une forte Compagnie de
banquiers sous le nom de Vincent Santiny, Nicolas
Colardi et compagnons. — Tabel. — 31 janvier 1560.

Le 12 avril 1565, Pierre de Bargalle; marchand à
Rouen, vendit à Thomas Lenfant, marchand à Paris,
une cargaison de 200,000 oranges pour le prix de
850 livres, prise aux quais de Rouen.

Guillaume Garet. maître cloutier à Rouen, vendit
à noble homme Antoine de Marcillac, baron de
Courseulles 200.000 de clous à ardoises, au prix de
onze solz le millier. — Tabellionage, 9 février 1565.

Nicolas Martel et Pierre Vauquelin, marchands de
fruits à Anneville-sur-Seine. vendent à Poujot le jeune
et à Guillaume Lemaire, 110 mynes de pommes
Rainette moyennant 600 livres. — Tabellionage.
22 juin 1568.

(1) Tabellionage, 12 janvier 1557.

Pierre Aubert, marchand à Dieppe, vend à Guillaume Brochet, trésorier de l'extraordinaire de la guerre, 2,500 pieds de planches, à raison d'un sol six deniers chacun pied ;

113 planches de hêtres à six solz la planche et 1,551 livres de fer à quarante-deux livres 10 solz le millier.

Le tout pour servir et employer à la réparation des jetées, palissades et écluses du hàvre de *Calais*. — Tabellionage, 20 avril 1566.

Le 20 avril 1566, Jehan Dubosc, faiseur de brouettes à Moncomble, vend à Jehan Rome, futailler à Rouen, 51 petites brouettes telles qu'il les fait habituellement en la forêt d'Eavy et ce moyennant 21 livres les 51 ; et le 6 mai, Mathurin Amouret, demeurant à Esclavelles au hameau des Hayons, vendit au même Rome, 50 petites brouettes du bois de la forêt d'Eavy, avec 52 roues à brouettes, pour 9 solz par brouette et 7 livres 10 solz pour les 52 rouets à brouettes. — Tabellionage, 10 avril 1566.

Tabellionage, 11 juin 1568. — Sever Delisle, Pierre Thiessé et Jean Fessard tonnelliers, s'obligent envers Jehan Leroux, tavernier, à leur faire et livrer 500 ponsons en bois neuf, dressés, équipés et acoustrés bien et dûment, prêts à mettre vin, à condition que Leroux fournira tout le bois, cercles, ozier dont il sera besoin ; les dits 500 ponsons livrables le 15 août prochain et seront fabriqués à Vascœuil.

Cette soumission faite à condition que Leroux leur fournira chaque jour trois pots de vin et bière, pain, feu, lict et hostel *et autres choses qu'il leur con-*

viendra, aux jours d'œuvres comme aux jours de fêtes, tout le temps que durera la dite besogne.

Et en outre il leur paiera dix sept livres pour chacun cent ponsons

Tabellionage, 11 mars 1570. — La veuve Cucu, papetière à Vimoutiers-en-Auge, vend à Jean Larcanier, marchand à Rouen, 500 rames de papier, dont 350 à la marque *du gros pot*, et 200 *au grand écu*, à livrer 40 rames par semaine, au prix de 28 solz la rame du gros pot et de 12 solz la rame à l'écu. Et, le 23 mars, Jean Rogeray, papetier à Notre Dame des Vieilles, près Beaumont le Roger, vend à Jean Mallet, marchand à Rouen, 200 rames de bon papier *à la main* bien collé chaque rame pesant 8 livres et demie, au prix de 15 solz 6 deniers la rame, 200 rames *au petit écu* du poids de 6 livres et demie au prix de 13 solz la rame, — 500 rames de papier *Estrasse* du poids de 17 livres la rame, au prix de 20 solz la rame.

Tabellionage, 17 février 1570. — Guillaume Herment, capitaine d'un navire anglais, apporte sur les quais de Rouen, 22 charges de cheval de creseaux et coton ; dès le 3 février, il était arrivé d'Angleterre 34 charges de marchandises de draperie, 24 creseaux et 50 goddes de coton.

Le 4 août 1570, devant les tabellions de Rouen, Jean Godet, marchand drapier drapant à Rouen, s'oblige envers Jean-Baptiste Berinsagne, marchand à Lyon, à lui fournir, pendant trois ans, tous les draps qu'il pourra faire ou faire faire sur cinq métiers.

Tabellionage, 10 octobre 1570. — Pierre Burel, fondeur de cloches à Rouen, rue des Matelats, s'oblige envers le curé et les paroissiens de Lamberville en Caux, à leur fondre, en leur paroisse, deux cloches pesant seize cents livres environ, pour mettre en rang et accordance avec celle qui est en la tour de la dite église ; et, si lesdites cloches ne sont du timbre et accord, le fondeur sera obligé de les refondre à ses frais ; il fournira le métal ; mais les paroissiens fourniront la brique qu'il faudra pour faire le four où sera fondu le métal ; ils iront chercher le métal à leurs frais à la vicomté de Rouen. Les cloches seront fondues le 13 septembre prochain, pour quoi il sera payé au fondeur huit écus un tiers par cent pesant de métal.

Le 13 mai 1572. Nauldin Ozenne, marchand de tuiles à Saint Aubin la Campagne, vend à Mathurin Louvel demeurant à Rouen, 700 tuiles de cornier, à 20 solz le cent, 300 festiers à 40 solz le cent, 3,000 grandes tuiles à cent quinze solz le mille et 2,000 petites tuiles à 4 livres le mille.

En juin 1572, le capitaine Desarpens a chargé dans son bateau, au quai de Rouen, une bassine en pierre de marbre et 14 caisses de marbre *pour la Reine-mère* ; ces marbres venaient de Saint Malo et on les portait à Paris.

Moyennant huit livres par cent pesant Etienne Agnez transporte par terre, de Rouen à Lyon, *en 24 jours*, trois milliers pesant de draps de laine.

22 décembre 1581. — Noel Guerard, voiturier par eau, s'oblige à prendre dans la cour des Cordeliers à Rouen toutes les pierres de marbre blanc qui y sont avec une grande colonne de jaspe et une grande pierre de marbre blanc, *pour la sépulture du feu Roy*

7

*Henri* ; le tout étant au nombre de 186 pièces y compris la colonne, pour porter *en la maison blanche les Saint Denis* moyennant la somme de 141 écus d'or soleil.

Le 7 aout 1581, Pierre Jouenne et Nicolas Morvent, vergers raquetiers, affirment par serment que le prix des raquettes est de un écu la douzaine et celui des bonnets longs rouges, d'un écu et demi la douzaine.

Jean Thierry dit Babier, faiseur de balles à jouer à la paume à Rouen, vend à Thomas Doisseau, marchand à Angers, *cent grosses de balles de laine à jouer à la paume* moyennant soixante six écus deux tiers pour le tout. Lesquelles cent grosses seront livrées dans la première semaine de mai prochain. (Tabellionage 4 janvier 1582.)

Tabellionage, 16 novembre 1583. — Thomas Theffroy. maître poudrier, paroisse Saint Pol, enclos de Rouen, vend à Massiot Vastel d'Honfleur. maître et victuaillier du navire l'*Espérance*, dont est capitaine Guillaume Lelièvre, 500 livres de grosse poudre à canon. 100 livres de poudre grenée à arquebuze et 50 livres de mèches.

*Fabrication d'éguilles.* — 19 mai 1584. — Tabellionage de Saint Gervais. — Richard Dubosc. compagnion éguillier, s'alloua chez Nicolas Picard, maître dudit métier, pour y travailler de son estat à faire des éguilles, aux conditions suivantes : Picard lui fournira le fil tout coupé et préparé ; il lui fournira en outre le logement, mais Dubosc se nourrira. Picard fournira aussi les outils et paiera à Dubosc 6 sols par millier de persage signolées et trocques ;

10 solz pour vidage de chaque millier, 5 solz par millier de fine pointe, 4 solz par millier de dressage au marteau, et, pour chaque millier de dressage à la lime, 15 deniers ; enfin il paiera 8 solz pour polissage et vernissage de chaque millier.

14 mars 1585. — Jean Gibert, maître du navire *la Marie*, s'oblige à porter de Rouen à Bayonne, pour le compte de Mathieu D'Oliva, 3 coffres, 8 ballots, 2 paniers, 1 baril pleins de merceries mêlées et de vaisselle d'étain, plus trois paires de landiers, 29 paniers de verres, 3 lits de camp, 12 réchauds d'étain et 10 muids de bled.

Le 13 mai 1585 il est amené sur le quai de Rouen 35 balles de coipeau de buis pour faire peignes, le tout venant de Bayonne pour Jean Delacroix de Rouen.

Le 11 février 1588, Robert Savé et Jean Rense, marchands corroyeurs à Rouen, vendent à Garcie Delpeze, aussi marchand à Rouen, 168 peaux de veau pour être expédiées à Bourges (Burgos ?) en Espagne.

Le 22 avril 1588, Pierre Danyel, jardinier, paroisse Saint-Gire de Répainville à Rouen, vend à Denis Tremol, marchand de fruits à Rouen, tous *les artichauds* qui croîtront cette année dans son jardin, nommé Lapye, sis audit Saint-Gire de Répainville et ce, à raison de 10 *solz la douzaine composée de quatorze artichauds*, et, le 26 octobre suivant, il vend encore au même et par le même prix de 10 solz, deux cents douzaines d'artichauds à compter 14 pour 12.

Le 5 juillet 1588, Jean Lefaucheur, maître charron à Rouen, s'oblige envers les fermiers des *Coches*, à entretenir bien et dument pendant cinq ans les *six coches* ordinaires allant de Rouen à Paris et de Paris à Rouen de toute chose généralement quelconque de son état de charron, et ce moyennant le prix de 30 écus d'or par chacun coche et par chaque année.

Quant aux coches ou carrosses particuliers il en existait à Rouen dès 1562, car l'abbé du Bec en possédait un très riche à son hôtel du Bec, rue de ce nom.

Bientôt la mode s'en établit. En 1596 un malletier-cocher avait ses ateliers sur la paroisse Sainte Marie la Petite et le 19 août de cette année il s'obligea envers noble homme Thomas Guitton seigneur de Carvet, à lui faire et livrer un coche bien cliché d'osier, garni de fer aux cercles des bouts et du mitan, et les cercles de bois de fresne couverts et garnis de cuir de vache, et le dedans doublé de serge tanée cramoisie de Beauvais; deux grands dossiers avec deux grands carreaux et un petit aussi couverts de la même serge. Deux rideaulx aux portières en serge d'escot tanée. Et la flèche en bois d'orme ou de fresne et le timon pareillement de fresne. Quatre roues ou traits de bois d'orme, avec les harnois de quatre chevaulx en cuir de bœuf et baudrier cousus à quatre rangs, tous complets de colliers, avalloirs, traits, têtiers, rangor et guides ; Et les colliers couverts de quatre peaux et bien acoustrés de clous blancs. Deux étriers à monter dans le coche et les coffrets ferrés et garnis de serrures et clefs. Deux cadenats avec la chaîne pour fermer le dit coche. Et la frange et cordons de fleuret ou saiette. Les dossiers piqués de soie et garnis de laine et les esseaux de bon bois avec bons équignons dessous les happes et brebans et des flottes pour changer en chemin quand besoin sera. Et la vollée barrée, et bascus et boites aux moyeux ferrés de bon fer d'Espagne; Et le dedans du dit coche peint de tenné blanc et orange avec des chiffres; les pommes et les dits chiffres dorés.

Le tout moyennant le prix de *cent écus d'or*!

Voilà ce qu'était et ce que coûtait un coche en l'année 1596.

Tabellionage, 12-14 août 1589. — Nicolas De la Salle et autres marchands de Rouen, attestent par serment que le 11 juin dernier ils ont livré à Pierre Tardieu, marchand à Rouen et chargé dans le bateau du capitaine Desarpents, qui devait les mener à Paris, 1,792 livres de cire de Barbarie, trois pipes et une botte d'huile d'olive, plus un tonneau de 1,063 livres de cire; qu'arrivé au Pont-de-l'Arche, le bateau fut arrêté et les marchandises pillées par le capitaine Raullet.

De son côté Abel Lemarchand atteste que le 20 juillet suivant il trouva le dit Tardieu qui était prisonnier au château de Montagny, près Montagny, entre les mains du capitaine Chaumont, capitaine des gardes du Roi; que lui qui parle le sait parce qu'il avait été lui même arrêté prisonnier au dit château par le dit Chaumont, lequel voyant sa pauvreté (il est un pauvre brouettier) l'avait élargi avec lettres du dit Tardieu adressées à Jean Souplix et Pierre Fermanel, marchands à Rouen, afin qu'ils lui envoyassent cent cinquante escus montant de la rançon fixée par le capitaine Chaumont; ce qui fut exécuté par les dits Souplix et Fermanel.

22 mars 1589. - Nicolas Morin, cirier à Rouen, atteste avoir refondu en cette ville de Rouen, en la maison de Charles Reboullet, 6,660 livres de cire de Hambourg, dont il a fait cent onze pains; et pour Balthasard Despinose, 2,377 livres dont il a fait 40 pains.

Le 11 mars 1589. — François Villa, marchand italien, vend à Louis Lespert de Rouen, cinq pièces de velours dont une de velours raz, bleu, à cinq écus l'aune; une pièce de velours raz, incarnatin, à cinq écus l'aune; une pièce de velours raz, noir, *imprimée*, à 4 écus et demi l'aune, une autre à fond de Rue noir, à trois écus l'aune; enfin, une autre de velours supra-riche, noir, à trois écus l'aune.

Du 8 août 1589. — Nicolas Doublet et Gilles Letellier, marchands à Rouen, attestent par serment qu'il y a à Rouen des ouvriers qui font *des bas de chausses d'estame, façon d'Angleterre à coins retournés* de mêmes bonté et étoffe que ceux qui se font en Angleterre, et ils le savent parce qu'ils ont eux mêmes des ouvriers ordinairement qui leur en font et livrent à toute heure qu'ils en ont à faire.

Tabellionage, 14 mars 1594. — Jean Paviot, marchand à Rouen, achette de plusieurs marchands de Rouen, grand nombre de pièces de toiles de 300 aunes chaque pièce; il en compose 21 balles dans chacune desquelles il a fait entrer 24 pièces de toile, ce qui fait environ *cent cinquante et un mille deux cents* aunes qu'il expédie à Saint Luc, pays d'Espagne.

Avant 1586, les ouvriers de la monnaie de Rouen étaient payés à raison de 3 solz par marc d'ouvrage de billon y compris la cisaille, mais vu l'augmentation du prix des denrées et du charbon. Claude Le Roux, maître de la monnaie. leur alloua 4 solz par marc. En 1594, on voulut ramener l'ancien prix de 3 solz le marc. Les ouvriers refusèrent ; il y eut coalition et refus de travail. Le Parlement se saisit de l'affaire, nomma des commissaires pour entendre les parties et, néanmoins, ordonna que les ouvriers seraient payés « au prix qui leur a été payé ces dernières années » soit 4 solz par marc. — Arrêt du 21 juin 1594.

*Courtier maritime.* — Tabellionage, 3 février 1595. — Jérôme Carrel pourvu à l'*état d'écrivain de la mairie et interprète des langues étrangères*, commet Thierry Vernère pour, en son nom, aller, venir et assister en cette ville avec les maîtres des navires étrangers qui voudront employer le dit Carrel, tant aux diligences de leurs arrivements et décharge de leurs navires, que pour leur aider à recevoir et à constater les manquements et avaries des marchandises apportées dans leurs navires et aussi pour la recharge et partement d'iceux, et en autres affaires que les dits maîtres de navires étrangers auront à employer le dit Carrel.

20 janvier 1599. — Pierre Letellier vend à Charles Seririer, marchand à Paris, cent milliers d'oranges dont moitié en citrons, à compter onze cents pour un millier, par le prix de deux écus solz et deux tiers le millier de onze cents.

26 février 1599. — Jacques Quin et Fernand Michel achètent 19,924 livres de fromage de *Aidre* ; Jean Heuft en achette 8,778 livres en 1.002 pains ; enfin Jacques Song fait venir six tonneaux contenant *trente*

*six mille livres* du même fromage ; il les ont fait charger à *Aidre distant de quinze lieues d'Ambourg.*

Du 26 juin 1599. — Louis Couette reçoit du trésorier des bâtiments du Roi, douze écus pour avoir apporté à Rouen dans sa gribane, 21 caisses et 12 barriques dans lesquelles sont coquilles, vignots, nacres, roches de corail, congellations et autres pierres maritimes, au nombre de *seize tonneaux*, le tout pour employer *aux grottes et fontaines que Sa Majesté fait faire à Saint-Germain-en-Laye.*

26 février 1601. — Jacques de Bourneville s'alloue à Jean de Gouzemont (Juan de Jusmont) maître parfumeur à Rouen, de ce jour au jour Saint Jean-Baptiste prochain 1601, pour que de Gouzemont lui apprenne pendant le dit temps son état de parfumeur de toute sorte de cuirs, de toute sorte de gants, de de draps, de toiles, velours, satin, damas, chaînes de senteur, toute sorte de poudres de senteur, cassolettes, miroirs, boittes de jaspe contrefaites, pommades de senteur ; il apprendra aussi à parfumer toute sorte de confitures et autres choses que peut faire le dit de Gouzemont dépendant de son état ; le dit de Gouzemont fournira à de Bourneville, feu, lit, hôtel, boire et manger, et celui-ci lui paiera 30 écus dont 6 écus dès ce jour et 15 écus à Saint-Jean-Baptiste.

De Bourneville s'interdit de travailler du dit état à Rouen avant le 26 février 1602.

Le 15 mars 1601. — Jacques Deshommets, Nicolas Surgis, et Jacques Sauning, marchands à Rouen, ont vendu et chargé sur les navires *la Françoise* et *le Soleil*, 17 balles de toiles et de double œuvre fabriquées à Rouen ; le tout envoyé à Séville, en Espagne. Chaque balle contenant de 20 à 24 pièces et chaque pièce mesurant environ 300 aunes, représentent à peu près cent mille aunes !

Le 3 octobre 1601, furent apportées à Rouen, par un navire de Hambourg, 25.000 livres de laine, en 16 balles.

Avec le XVII<sup>e</sup> siècle le caractère du commerce rouennais se modifie. L'industrie proprement dite tend à se développer ; le négoce s'étend sur une foule d'objets dont à peine il avait été fait mention jusqu'ici ; la mercerie, la quincaillerie, la bimbeloterie acquièrent une importance extrême, enfin il semble qu'un élément nouveau, la concurrence, par exemple, ait inspiré à nos corporations des idées de progrès. Les notes suivantes permettront de constater ce mouvement inusité vers les perfectionnements et les inventions.

*Teinturiers* : Parlement, arrêts des 3 août 1601, 14 août 1602, et 28 février 1603.

1° Lettres patentes qui défendent l'introduction en France et l'usage par les teinturiers de la drogue venant des Indes appelée linde et aint, employée au lieu de pastel et de guelde ;

2° Arrêt qui défend aux teinturiers de teindre en noir aucuns draps, crezeaux, frocs, double fuzen, serges, etc., en laine et draperie excédant la valeur de 20 solz l'aune, qu'ils n'aient été auparavant dûment passés en la teinture de voide et de garence.

Un nommé Lemasson, teinturier à Beauvais, ayant fait apporter à Rouen de la marchandise d'*Inde* prohibée par les lettres patentes du 3 août

1601, le Parlement, sur la demande des teinturiers de Rouen, ordonna de jeter dans la rivière la dite teinture et marchandise.

Du 10 au 20 juin 1605, Guillaume Bleunt et David Chefd'œuvre, teinturiers à Rouen, teignirent en couleur d'incarnat cramoisi une pièce de crezeaux blancs, façon d'Angleterre, et l'expédièrent à Lisbonne.

Le 7 novembre 1605, devant les notaires de Rouen, David de Beaulieu attesta qu'aux années 1592 et 1593, la graine d'écarlate du Portugal valait à Rouen de 45 à 50 solz la livre, et le pastel ou poudre d'écarlate de six livres quinze solz à sept livres, aussi la livre.

Tabellionage, 13 novembre 1603, Jean Langlois et Robert Savé, corroyeurs, vendent à Jean Gervais, 466 *douzaines* de peaux de veau tannées, plus deux douzaines, teintes en couleur orange, deux douzaines en rouge, deux douzaines jaune paille et sept douzaines noires. Le tout apprêté et accoustré à Rouen, pour être expédié à Lisbonne.

Tabellionage, 7 octobre 1603, Jean Dannet, marchand épinglier à Rugles, et François Hommet, marchand à Rouen, vendent à Bonaventure, aussi marchand à Rouen, cent douzaines de paquets d'éguilles, façon de Rugles ;

Quatre grosses et cinq douzaines d'étuis à lunettes, six grosses d'écritoires et six grosses de cornets pour écritoires : *Le tout façon de Rouen.* Des quantités considérables de dez à coudre, de ciseaux, de dagues, de patenôtres et de bas, également *fabriqués à Rouen*;

Pour expédier en Espagne.

Le 11 décembre 1604, *Jacob Pouchet*, Pierre Ferry et Jean Feron, fabricants de chapeaux à Rouen, s'obligent à fournir à Ferry Gosmont, marchand chapelier à Paris, les chapeaux dont il aura besoin, savoir, les chapeaux noirs à grands bords, à raison de 14 livres la douzaine et les moyens de bord, à 12 livres la douzaine.

Les 15 février et 4 octobre 1605, Alexandre Agasse, marchand à Rouen, expédie en Portugal 360 pièces de Bougrens teints de diverses couleurs, et pour Saint-Sébastien, 288 pièces d'autres Bougrens teints aussi en diverses couleurs.

Les 23 avril, 15 juin et 1ᵉʳ août 1605, Robert Gueroult, marchand à Rouen, et plusieurs autres, expédient en Espagne et en Portugal 122 douzaines d'épingles, *chaque douzaine renfermant douze milliers*, soit 1,464,000 épingles, *façon de Rouen*; 7 douzaines et demie de bonnets, *façon de Rouen*; vingt grosses d'alènes, *façon de Conches*; vingt-six grosses de cornets, six grosses d'écritoires et trois balles de cardes à laine, *façon de Rouen*; douze grosses d'aiguillettes de cuir, *façon teinture et manufacture de Rouen*; douze douzaines de petites poeles en fer, six petites fontaines en fer, deux petits bassins en cuivre et 250 livres pesant de poêles à frire, *le tout façon de Rouen*; 42 douzaines de pots en fer, *façon de Lire* en Normandie.

Le 20 décembre 1605, vente de quatorze douzaines de chapelets en os, quatre grosses d'Agnus Dei en cornes, cent quatre mille grains de verre, 750 grains d'ambre, 7,000 grains de cristal, douze grands miroirs dorés, onze mille plumes à écrire, 8 pièces de rouleaux de laine, une grosse de ceintures de tissés de coton, ferrées, cinq grosses de cassots, six grosses de bagues en corne, six douzaines de verges en soie, dorées et noires, 2,500 douzaines de dez à coudre, 13 caisses de lunettes, trois grosses et deuz douzaines de tablettes, six grosses de petits miroirs, onze douzaines de boîtes peintes, 25 douzaines de cadenats ; *Le tout de la fabrique de Rouen* et vendu pour l'Espagne.

Le 5 janvier 1605 Henry de Beaulieu, marchand à Rouen fournit à Pierre de Beaulieu son fils, moyennant la somme de 5,000 livres, quatre mille aunes de toile blanche façon et mesure de Rouen.

Il était tenu à la mairie de Rouen un Registre sur lequel on constatait les ventes pour l'étranger ; de plus, il existait deux estampilles qui servaient à marquer les marchandises fabriquées à Rouen et celles fabriquées en France que l'on expédiait en Espagne ou en Portugal (1).

Le 7 mai 1605 Nicolas Lehucher, maître étamier à Rouen, vend pour St Sébastien en Espagne, 18 plats grands et petits, une fontaine avec son bassin, une équerre et deux sallières ; le tout en étain et par lui manufacturé en sa maison à Rouen.

Il faut constater ici qu'à cette époque, le commerce Rouennais avait pris une extension extraordinaire, surtout pour la quincaillerie, la bimbeloterie et la mercerie. On a pu voir déjà par les quelques notes qui précèdent, les débouchés que nos marchands avaient trouvés en Espagne et en Portugal. Les an-

(1) Tabellionnage, 12 mai 1605.

nées qui suivirent jusqu'en 1612 environ ne firent qu'accentuer davantage cette grande reprise d'affaires. Les ventes et les expéditions pour l'Espagne et pour le Portugal sont tellement nombreuses qu'il serait trop fastidieux de les énumérer ; leur objet ne varie d'ailleurs presque pas ; c'est toujours, comme je viens de le dire, la quincaillerie, la bimbeloterie et la mercerie.

Je me borne donc à donner le détail de quelques ventes, afin que l'on puisse apprécier en même temps l'importance de ces ventes, leur nature et aussi dans quelle proportion les choses fabriquées à Rouen, ou aux environs, entraient dans le commerce d'exportation.

Ainsi le 12 juillet 1606, je prends au hasard une vente d'objets *fabriqués à Rouen* : 500 pièces de rouleau, 20 millions d'épingles, 412 paquets de petites épingles, 18 milliers de crochets, 12 livres de soyes de pourceau, vingt mille rocailles, 6,000 clouts à cordonnier, 30 grosses de chapelets, 30 grosses de Biblotage, 12 douzaines de verges en poil, 12 douzaines de décrottoirs en poil, 12,406 grosses de dez d'acier, deux grosses de miroirs, 9 douzaines de boites peintes, douze douzaines de mouchettes, douze douzaines de chantepleures, douze douzaines de tablettes, une grosse d'aleines et *soixante neuf douzaines de milliers d'épingles.*

Les plus fortes maisons pour la fabrique des épingles à Rouen étaient celles de André Gueroult et de Jacques Leblond ; je les vois faire des ventes de 3 et 400 douzaines de milliers d'épingles ; à Rugles le plus fort fabricant était un nommé Jean Donet.

Jacques Carré fabriquait considérablement d'aiguillettes en fil ; c'était, avec André de Guêtre, Jean Bultel et Simon, les plus importants merciers de la ville ; ils expédiaient très fréquemment en Espagne et en Portugal des navires chargés de merceries et de quincaillerie de fabrique rouennaise et normande ; mais vu l'importance de leurs opérations, Rouen ne suffisant pas toujours à les alimenter, ils faisaient venir d'Allemagne, de Nuremberg surtout des lunettes, des étuis à lunettes, des écritoires, des cornets, des cadenats, des étrilles, des décrottoirs, des chandelliers, des crochets, des dez, des tablettes, du fil à carder, etc.

Le commerce des éguillettes était tellement important qu'il occupait journellement *quatre mille ouvriers* (1) tant à Rouen que dans les faubourgs et dans les paroisses d'Esquetot-Lambert, Yrville, Pymont, Saint-Martin-aux-Arbres et Bourdainville ; il consistait en la fabrication de ces mêmes éguillettes et en celle des lacets dont les dames de ce temps-là, aussi bien que les bourgeoises et les filles et femmes des artisans, faisaient une énorme consommation ; ces éguillettes et lacets étaient terminés par un ferret ; or, les merciers, qui faisaient fabriquer le tissu, ayant essayé par économie, de les ferrer eux-mêmes, les éguilletiers prétendirent que c'était là une atteinte portée à leurs droits, s'en plaignirent au Roi et en obtinrent des lettres patentes qui obligèrent les merciers à leur donner toutes leurs éguillettes et tous leurs lacets à ferrer (14 avril 1611).

(1) Arrêt du Parlement, 14 avril 1611.

Le commerce des toiles était également fort important, mais l'importation l'emportait de beaucoup sur l'exportation; les toilliers de Saint-Gervais, cependant, expédiaient en Angleterre d'assez fortes parties de toiles de leur fabrication, mais comme ces ventes avaient presque toujours lieu aux foires de la Chandeleur et de Saint-Romain, il est difficile d'en retrouver les traces.

Parmi les négociants en toiles, tissus, dentelles, etc., j'ai souvent remarqué un Jacques Muisson à cause de l'importance de son commerce; il lui arrivait très fréquemment des navires chargés de tissus de toute espèce, des camelots d'Ypres, des toiles et des dentelles de Gand, des toiles grises et des toiles naturelles jaunes de Courtray, des *rosettes calendrées* de Tournay, des futaines d'Ausbourg et des toiles teintes, et tout cela par quantités de 4 à 500 pièces de chaque sorte; il faisait même le commerce des *plats à barbiers* qui lui arrivaient par 3 et 400 à la fois.

En 1608, Jean Thimonnier, Pierre Doublet, quincaillier, et Jean Marye, expédient en l'*Ile des Canaries*, un navire chargé de quincaillerie, de drogues, de toiles et de tapis de table, le tout fabriqué à Rouen, et adressé à la veuve de Jehan de Moy et à Hernanda Morean. De leur côté, les habitants de cette île nous envoient des navires chargés de cages remplies des oiseaux de leur pays. En 1614, le jeune Roi Louis XIII, étant à Rouen, acheta 250 de ces oiseaux (serins); un autre négociant, Ezéchiel Decaen, avait aussi une grande situation commerciale, mais ses relations avaient un caractère particulier; c'était surtout avec le Pérou, le Canada et les Indes qu'il trafi-

quait ; il faisait venir de ces pays, en quantité considérable, des plumes et plumasses d'autruches, de la
cochenille et des cuirs ; je le vois recevoir en une
seule fois, le 12 avril 1607, 2.300 cuirs du Pérou.

Mais un commerce tout particulier, ou plutôt une
fabrique, existait dans notre ville ; un nommé Henry
Tillien, maître peintre, s'était établi *fabricant de Tableaux à l'huile et à la detrempe* ! il occupait même à cette
fabrication un assez grand nombre d'ouvriers et il
expédiait ses produits à l'étranger. Ainsi, en novembre 1606, il chargea sur le navire *la Conception
de la Vierge sacrée*, capitaine Michel Segnel de
Dieppe « trois tableaux peints à l'huile, l'un la **Des-**
« cente de Croix de Notre Seigneur, l'autre des vi-
« sage et figure de Notre Seigneur et le troisième vi-
« sage et figure de Notre Dame, le tout enchâssé de
« bois de noyer ; un tableau *gravé en acier*, de même
« encastillement ; *huit couples* de tableaux de l'effigie
« de Notre Seigneur et de la Vierge sacrée, un ta-
« bleau image de Notre Seigneur ; un tableau image
« de Ste Véronique, un tableau image de Notre Dame
« tenant Notre Seigneur ; deux tableaux en toile en
« l'un desquels est peint un crucifix de Notre Sei-
« gneur et en l'autre un St Jérosme ; un tableau
« image de St François ; plus deux tableaux en al-
« batre et *treize douzaines* de petits tableaux enlu-
« minés, ces derniers ainsi que les deux d'albâtre
« n'étant pas de la fabrique du dit, mais fait venir
« par lui de la ville d'Amiens.

« Plus deux tableaux faits par ledit Tillien, l'un
« est la Nativité de Notre Seigneur, l'autre est la re-
« présentation du crucifiement. »

« Enfin 18 tableaux non peints fabriqués à Arras.

« Le tout expédié à *Civille*, pays d'Espagne, et
« consigné à Jean Baptiste Carré. » — Tabellionage,
4 avril 1608.

Dans le même mois de novembre, ce S' Tillien
qui avait sa fabrique sur la paroisse S' Lô, fit encore
un envoi de tableaux en Espagne, et les chargea sur
le navire le *S' Michel*, capitaine Soignon de Dieppe ; il y
avait « deux caisses pleines de tableaux à l'huile
peints par Tillien et autres ouvriers domiciliés en sa
maison. » Il y avait aussi une caisse de tableaux
peints à la détrempe, des tableaux d'albâtre, des
plats fonds sans peinture en tableaux mais sans
encastrement, le tout fait venir par Tillien de la
*fabrique d'Amiens*, et envoyé par lui, avec ses propres
tableaux, en Espagne. — Tabellionage, 9 mai 1607.

Pendant une période de douze ans environ l'activité
des relations commerciales entre Rouen et l'Espagne
fut vraiment extraordinaire ; la masse de quincaillerie,
de bimbeloterie, de mercerie que nos marchands
expédièrent en ce pays est incalculable et dut améliorer singulièrement le sort de la classe ouvrière,
puisque pour environ les trois quarts ces marchandises se fabriquaient à Rouen et dans les environs ;
l'autre quart était tiré de l'Allemagne. De son côté,
l'Espagne nous envoyait des cuirs en échange des
nôtres : en une seule fois je vois arriver 3,897 cuirs
de Séville ; mais nos envois étaient incomparablement
plus considérables. C'était par milliers que nos marchands expédiaient les *peaux de chamois*, de *bouquin*,
de *mouton*, de *veau* ; les peaux de chamois étaient tra-
vaillées à Conches et à Poitiers, et les autres à Rouen.

8

Les Indes nous envoyaient également des cuirs ; 'acques Deshommets, entre autres, reçut de l'Inde, le 2 août 1608, une masse de 6,700 cuirs et une caisse de *cuirs dorés*. Deshommets était le plus fort marchand de cuirs de Rouen.

Avant de clore ce chapitre, je crois bon de préciser les différentes marchandises de la fabrication rouennaise, et de reproduire les noms de nos principaux fabricants :

Antoine Rigodias, André de Grente, Jean Bultel, Jeufrin Delamare, Philippe Lecoq, André De Quitter, Abraham Hébert, Louis Lemasson, François Houart, Étienne Lanœ, Antoine Hébert, Jean Person, François De Sotto, Jean Rufin, Jean Duval, Antoine Loison, David Delamare, Perrette Charles, Jacques Gossey, Pierre Levelu, André Guéroult, Simon Lemétais, Marin Letellier, François Couvet, Nicolas Lemonnier, David Abel, Marc et André De Génetay, sont ceux dont les noms so rencontrent le plus fréquemment dans les actes de vente.

Maintenant voici la liste des marchandises :

Épingles, éguilles à coudre, éguilles à emballer, patenòtres en verre, chapelets en os, cassots dorés garnis de rubans, lunettes, étuits à lunettes, gallemards, écritoires, cassots garnis en soie, jouets pour enfants, bagues en corne, vergettes en poil, dorées ; miroirs dorés et non dorés, grands et petits, dés en fer, boîtes peintes de toute grandeur, rasoirs, cadrans en bois, dés pour femmes, rocailles taillées, carnets à écrire, casses à écrire, ciseaux, mouchettes, époussettes, estampes en feuilles nommées *taille douce*, grandes et petites. Le 3 juillet 1608, il en fut expédié vingt-six

mille pour l'Espagne, cartons de dévotion, grands
et petits. Le 27 février précédent, on avait déjà expédié onze rames d'estampes en taille douce, du fil
d'acier, des étrilles, des ciseaux, etc.

Toutes ces marchandises fabriquées à Rouen et
une énorme quantité d'autres objets de même nature
que l'on faisait venir de Rugles, de Laigle, d'Amiens,
de Saint-Étienne-en-Forêt, de Thiers en Auvergne, de
Paris et de plusieurs villes d'Allemagne, s'emmaga-
sinaient à Rouen, d'où elles étaient ensuite expédiées
par navires en quantités si considérables, que l'on
se demande si vraiment l'Espagne et le Portugal
pouvaient tout consommer ou si, au contraire, les
commerçants de ces pays ne les réexpédiaient pas
eux-mêmes en d'autres contrées.

Mais ce qui paraît ressortir de tous les détails qui
précèdent, c'est que toutes ces petites industries devaient occuper un nombre considérable d'ouvriers et
répandre dans la ville une grande activité ; les por-
teurs, la carue et tous ces hommes employés journellement à charger et à décharger les navires devaient également y trouver leur compte ; notre ville
était alors une véritable ruche où, sauf les nobles, le
clergé, les membres des Cours et des Bailliages, les avo-
cats et les procureurs, chacun avait son commerce,
son industrie ou son métier.

En effet, il ne faut pas oublier qu'outre les industries
dont il vient d'être parlé, beaucoup d'autres et des
plus importantes avaient placé, depuis des siècles, la
ville de Rouen à la tête des cités les plus manufactu-
rières du royaume. Les drapiers, personne ne l'ignore,
et les tisserands en tapis et en toiles occupaient des

milliers d'ouvriers et leurs produits étaient recherchés sur tous les marchés de l'Europe.

Depuis le commencement du xvi⁰ siècle, l'industrie proprement dite était entrée, pour notre ville, dans la voie du progrès et, sans parler de l'*Imprimerie* qui, dès 1488, avait déjà fondé son premier établissement dans la rue Saint-Lô, paroisse de ce nom, nous pouvons constater l'existence d'autres industries dont plusieurs devinrent très florissantes.

En 1531, nous trouvons celle des tisserands en soie si fortement établie déjà que, comptant un nombre considérable d'ouvriers, elle se forma en corporation et rédigea des statuts qui furent approuvés par le Roi et enregistrés au Parlement de Normandie (1).

Un arrêt du Parlement constate qu'à la date du 10 mars 1581, il existait à Rouen plus de 2,500 tisserands en soie établis.

Beaucoup plus tard, en 1604, deux industriels dont l'un nommé Charles Benoist, maître passementier et moulinier en soie à Rouen, et Isaac Mayaffre, du pays de Languedoc, désirant répondre aux intentions d'Henri IV de propager en France « l'art de faire la soie, » lui présentèrent une supplique pour être autorisés à s'établir à Rouen.

Désirant favoriser l'entreprise, le Roi, dès le 23 août 1604, adressa aux échevins de Rouen la lettre suivante :

« Nos amez et féaux, vous savez avec quelle affec-
« tion nous désirons de l'art de faire la soie en notre
« royaume comme chose que nous reconnaissons de-

(1) *Revue rétrospective*, André Pottier.

« voir être fort utile et profitable à nos subjets. Pour
« y parvenir, il n'y a rien si necessaire que de traiter
« le plus favorablement que faire se pourra ceux qui
« s'y emploient et lesquels à leurs frais et dépens
« commencent à introduire la manufacture *comme déjà*
« *ont fait Charles Benoist,* maître passementier et mou-
« linier en soie en notre ville de Rouen et Isaac Mayaf-
« fre, du pays de Languedoc. *lesquels nous ont fait voir*
« *les échantillons de la soie qu'ils ont tirée de la nourriture*
« *des vers qu'ils ont faite en notre ville de Rouen, que nous*
« *avons trouvée* de la beauté et bonté requises. Et sur
« ce qu'ils nous ont fait entendre que *pour la conti-*
« *nuation de leurs ouvrages, ils auraient besoin d'être logés*
« *en une maison située en la rue Saint-Vivien où pend pour*
« *enseigne le Beuf couronné,* qui appartient au corps de
« notre dite ville de Rouen, nous avons voulu vous
« faire la présente par laquelle nous vous mandons
« que vous ayez à tenir la main, autant qu'il vous sera
« possible, à ce que la dite maison leur soit délivrée
« pour *le terme de vingt années,* afin qu'ils y puissent
« dresser leurs établis pour faire la nourriture des
« dits vers et autres métiers servant à faire leurs
« ouvrages. La dite maison est de si peu de revenu à
« la dite ville que les échevins d'icelle n'en doivent
« faire difficulté, vu le grand profit qui en peut revenir
« au public, *que nous voulons croire leur être plus recom-*
« *mandé que leur particulier intérêt.*
   « Si n'y faites faute, car tel est notre plaisir.
   « Donné à Fontainebleau, le 23e d'août 1604.
                    « Signé : HENRY (1). »

(1) Parlement, reg. secret, 2 septembre 1604.

Hélas ! le bon Roi les avait bien mal jugés ces dignes échevins, car ils prouvèrent que *leur intérêt particulier leur était plus recommandé que celui du public.*

Après que le Parlement les eut fait venir en la chambre du conseil et leur eut communiqué la lettre qu'on vient de lire, ils se retirèrent à l'hôtel-de-ville, regardèrent leurs registres, et n'y ayant trouvé, *sur la paroisse Saint-Vivien* aucune maison appartenant à la ville, où pende pour enseigne *le Bœuf couronné*, mais seulement trois petites maisons assises près la haute porte Saint-Ouen en la dite *paroisse Saint-Vivien,* lesquelles sont louées quatre-vingts et tant de livres affectées au domaine de la ville, ils répondirent qu'il n'y avait pas possibilité de satisfaire à la demande du Roi.

Le Roi avait indiqué une maison *rue Saint-Vivien,* or, les trois petites maisons du *Bœuf couronné* n'existant pas dans cette rue, mais *près la haute porte Saint-Ouen,* et rapportant d'ailleurs à la ville un revenu annuel de quatre-vingts et tant de livres, ce n'était évidemment pas d'elles que le Roi avait entendu parler et il n'y avait rien de plus à faire, qu'à renvoyer Benoist et Mayaffre chercher ailleurs *la maison de la Rue Saint-Vivien.*

· C'est ce que firent Messieurs les échevins Paviot et Fremin. En sorte, qu'éconduits par cette fin de non recevoir, Benoist et Mayaffre comprirent à demi mot et se mirent en devoir de se passer de l'appui de gens qui paraissaient plus disposés à leur être hostiles qu'à les favoriser.

Comme toutes les nouveautés qui tentaient de se

produire alors, celle-ci n'éveilla guère que des anti-
pathies. Que deviendraient ces grandes operations
commerciales avec Lyon et les autres villes du Midi,
si Benoist et Mayaffre réussissaient ? l'importation du
mûrier à Rouen et l'élevage des vers à soie leur
feraient une situation telle que personne ne pourrait
essayer de leur faire concurrence.

Je ne sais si ces considérations contribuèrent à
l'isolement dans lequel nos deux industriels se trouvèrent ; mais ce qu'il y a de certain, c'est qu'ils ne
rencontrèrent que répulsion et mauvais vouloir

Il existait alors, paraît-il, dans la ville de Rouen et
surtout dans les faubourgs, une grande quantité de
mûriers ; Benoist et Mayaffre ayant apporté avec eux
une forte provision de vers qu'il fallait nourrir ou
perdre, s'en allèrent de porte en porte demander des
feuilles de mûrier en proposant de les payer ; n'é-
prouvant partout que des refus, ils supplièrent le
Parlement de leur venir en aide et d'ordonner que les
propriétaires de mûriers « en cette ville, faubourgs
« et banlieue seraient tenus de leur en bailler les
« feuilles pour la nourriture des dits vers, en payant
« ce qui serait taxé pour chaque mûrier . »

Mais la Cour, par respect sans doute du droit des
propriétaires, au lieu de leur *ordonner* de livrer les
feuilles de leurs mûriers à Benoist et Mayaffre, se
borna à « permettre à ceux-ci de cueillir les dites
feuilles en satisfaisant les propriétaires, » puis, pour
assurer l'exécution de cette permission, elle ren-
voya les parties devant le Bailly de Rouen (1).

___

(1) Arrêt du Parlement, 15 juin 1605.

Cet arrêt prouve au moins une chose, c'est que
Benoist et Mayaffre, quoiqu'éconduits par les échevins, en septembre 1604, ne s'étaient pas découra-
gés et avaient commencé leur établissement.

Mais la grosse difficulté était la nourriture des
vers ; comment en effet se procurer chaque jour assez
de feuilles ? puis, que de perte de temps pour les
aller cueillir dans chaque propriété, et que de frais
pour ces déplacements et pour payer ces feuilles au
prix qu'en exigeaient les propriétaires !

Il ne faut donc pas s'étonner si l'entreprise, au
bout d'un essai de quatre années, fut abandonnée par
ses auteurs.

Mais Henri IV, qui avait à cœur d'acclimater le
mûrier dans tous les diocèses de son royaume et de
donner à la fabrication de la soie toute l'extension
possible, donna mission à un certain nombre de
commissaires d'établir des pépinières de mûrier
blanc partout où ils le pourraient.

Pour la ville de Rouen, ces commissaires traitèrent
avec un Flamand nommé Jehan Vander Veken, lequel
se chargea de planter et d'entretenir une grande
pépinière. Il se mit promptement à l'œuvre ; ayant
découvert à Darnétal, paroisse Saint-Pierre-de-
Carville, près Rouen, un vaste clos, à une bonne
exposition du soleil, il en obtint la location assez
facilement ; ce clos appartenait à honneste femme
Marthe Pradon, veuve de Guillaume Gibert, et à
Jean Gibert, son fils.

Vander Veken fit venir de Nîmes un nommé Symon
Legal, homme très au fait de la culture du mûrier ;
puis, avec le concours de nombreux journaliers

recrutes à Darnétal, on prépara le terrain et l'on
planta des mûriers. Mais c'était surtout une *pépinière*
qu'il s'agissait de fonder pour l'avenir, Legal se
chargea de faire faire tous les travaux nécessaires.
Il avait déjà semé 285,000 pepins de mûriers blancs
lorsque, voulant s'assurer de son concours et se
l'attacher, Vander Veken l'appela de   nt les notaires
de Rouen, le 29 mars 1608, et s'obligea à lui payer
par chaque mois, à partir du 1er avril, la somme de
quinze livres tournois ; de plus, à fournir à Legal
tous les outils et choses nécessaires, et à payer telle
quantité de personnes qu'il trouvera bon d'employer.
De son côté, Legal s'obligea à bien entretenir la
pépinière, labourer, fumer, sarcler, etc., et, en outre,
d'enseigner au fermier de ladite pépinière les soins
nécessaires à son entretien et à son amendement.

Les détails qui précèdent sont si peu connus que
M. Pottier les a ignorés, sans quoi il n'eût pas dit dans
sa Revue rétrospective *qu'aucune suite n'avait été donnée*
*à la tentative de septembre 1604.*

Maintenant que devint la pépinière de Darnétal et
que resta-t-il des 285,000 pépins semés par Legal ?
Il serait difficile de le dire, puisque jusqu'ici aucune
trace, aucune tradition n'a pu être découverte.

### Potiers, émailleurs et fayenciers.

On a longtemps ignoré que, dès la première moitié du xvie siècle, il avait existé à Rouen un fabricant
de poterie émaillée. Cependant M. A. Pottier l'avait
soupçonné ; il allait même jusqu'à donner un nom à
ce céramiste ; il l'avait découvert dans un livre inti-

tulé : *Chronologia inclitæ urbis Rothomagensis*, par Delamare : ce livre mentionnait parmi les hommes les plus remarquables de la cité normande, pendant le xvi⁰ siècle, un nommé *Macutus* Abaquesne, *figulus :*

Il savait, en outre, que sur l'un des carreaux en fayence qui composaient le tableau des armoiries du connétable de Montmorency, trouvé en son château d'Ecouen, et possédé aujourd'hui par M le duc d'Aumale, on lisait ce mot et cette date : *Rouen*, 1542.

Mais c'était tout ce que l'on savait.

Après le décès de M. A. Pottier et tandis que MM. l'abbé Colas, Raymond Bordeaux et Gustave Gouellain préparaient l'impression de son beau livre intitulé : *Histoire de la faïence de Rouen*, j'eus le bonheur de faire quelques heureuses découvertes sur ce fameux Abaquesne, *figulus.*

Avant cette découverte, plusieurs écrivains, MM. Alex. Lenoir et Léon Vaudoyer, avaient dit que « François 1ᵉʳ avait fondé, à Rouen, *une fabrique* de « terre vernissée, sous la direction de *Bernard Palissy!* » C'est une belle chose que l'imagination dans le roman, mais en histoire cela ne vaut rien. Bernard Palissy était bien loin de songer à faire les carreaux du château d'Ecouen, et il ne connaissait même pas encore le connétable Anne de Montmorency, en l'année 1542.

Au reste, ce n'est pas ici le lieu d'engager une discussion sur ce point, et je crois plus intéressant de citer les actes qui prouvent que c'est bien *Masséot Abaquesne* et non pas Bernard Palissy, qui établit à Rouen une manufacture de terre *émaillée.*

Dès avant 1531, il existait à Boos, tout près de

Rouen, un colombier que Guillemette Dassy, décédée abbesse de Saint Amand, en cette même année, avait fait décorer de carreaux émaillés « analogues (dit M. Pottier), aux carreaux d'Ecouen. »

Mais qui les avait fabriqués ; qui avait fabriqué les carreaux d'Ecouen portant cette mention : *Rouen, 1542* ?

Voici les actes que j'ai découverts et qui, je le crois, répondent à ces questions :

Le premier est daté du 22 décembre 1543; c'est un acte du Tabellionage de Rouen, aux termes duquel Masseot Abaquesne, bourgeois marchand à Rouen, déclare prendre à son service pour un an, le nommé Pierre Rouillard, potier, lequel s'engage à servir Abaquesne en son état de potier comme il l'a servi ci-devant. Pourquoi le dit Abaquesne lui doit querir et trouver boire, manger, feu, lict et hostel et aussy lui payer pour tout le dit temps la somme de 24 livres tournois[1].

Mon second acte est plus précis et vient plus directement à la question. Il est du 24 mai 1545; à cause de sa longueur je me borne à l'analyser :

Masseot Abaquesne, *esmailleur en terre*, demeurant à Rouen, paroisse St Vincent, vend à Pierre Dubosc, apothicaire, paroisse St Martin du Pont, où pend pour enseigne le mortier d'or, 346 douzaines de pots de *terre esmaillée*, de différentes grandeurs, d'un pot, d'une painte, d'une chopine, d'un demyon, d'un demiart, le tout en façon de boite et bien émaillé, et 36 douzaines de chevrettes de contenances diverses, soit,

___
1. Tabellion ge, 22 décembre 1543.

en tout, *quatre mille cent cinquante deux pots en terre émaillée !*

Mais passons à un troisième acte.

Il est daté du 7 mars 1548 ; Masseot Abaquesne a transféré son domicile à Notre Dame de Sotteville-lez-Rouen, tout au près de la carrière de *la terre à potier ;* c'est une quittance par laquelle il reconnait avoir reçu comptant la somme de cent écus d'or soleil sur le prix et somme à lui dus *par puissant seigneur messire le connestable grand maistre de France pour certain nombre de carreau de terre esmaillée que le dit Abaquesne s'estait soumis et obligé faire au dit s⟨r⟩ connestable* (1).

Faut-il d'autres preuves encore ? en voici : Le 24 mai 1553, Abaquesne obligé d'aller vers le connétable et ne se trouvant pas en fonds, emprunte d'un s⟨r⟩ Bejault la somme de quarante livres qui lui « *sont* « *nécessaires pour les carreaux qu'il est tenu bailler et* « *fournir pour* PARER *les seules et autres édifices de messire* « *le connestable de France* 2). »

Enfin, un acte du 22 septembre 1557 constate qu'Abaquesne a vendu et livré « à monseigneur le Dauphin » pour 559 livres tournois de carreaux en « terre esmaillée (3) » en ce compris douze livres pour la façon des casses de bois et nates où a été mis et enchassé le dit carreau (4).

Masseot Abaquesne décéda en l'année 1564, lais-

(1) Tabellionage, 7 mars 1548.
(2) Tabellionage, 24 mai 1553.
(3) François, qui épousa Marie Stuart et devint roi de France sous le nom de François II.
(4 Tabellionage, 22 septembre 1557.

sant Marion Durand, sa veuve, et Laurent Abaquesne, son fils, chargés d'exécuter plusieurs marchés qu'il avait consentis antérieurement. Entr'autres il avait contracté avec « révérend père en Dieu messire « Martin de Beaulieu, abbé de Coullomby et de « Valasse, l'obligation de lui faire et fournir, pour « le jour de S¹ Jean Baptiste 1565, *quatre milliers de* « *carreau* émaillé des couleurs d'azur, blanc. jaulne « et vert, de trois poulces en tous sens, suivant « pourtrait fourni au parmi du quel pourtraict est « figuré un carreau à quatre paons en carré dans le « quel y a aussi deux XX croisés et un F au milieu, « et à l'entour du dit carreau quatre autres carreaux « joignant à cel du parmi en forme de lozanges. « Cette vente ainsi faite par et moyennant le prix de « 36 livres pour chacun millier (1). »

Masseot étant décédé, ce furent sa veuve et son fils Laurent qui achevèrent le travail et en firent la livraison.

Que devint l'établissement fondé par Abaquesne ? Tout porte à croire que sa veuve et son fils le laissèrent tomber, puisqu'à partir de 1565 on n'en rencontre plus aucune trace.

Pendant 75 ans l'industrie introduite par Abaquesne dans notre ville demeure dans l'oubli et ce ne fut qu'en l'année 1645 qu'un nommé Pocrel de Grandval obtint un privilége pour la fabrication de la faïence à Rouen, fabrication qui depuis quelques mois était essayée à S¹ Sever près Rouen.

(1) Tabellionage, 14 décembre 1561.

Pour l'histoire de cette seconde entreprise, voir le livre de M. A. Pottier : *Histoire de la faïence de Rouen.*

## La verrerie.

On dit que, très anciennement, et du temps même des Romains, il avait été fabriqué du verre à Rouen; on dit également qu'une fabrique de poterie y avait fonctionné et l'on ajoute qu'elle avait son siège aux environs de la **rue Potard**, d'où cette rue aurait tiré son nom. Sans me préoccuper de cette opinion, je me borne à constater, à l'aide de documents certains, l'origine d'une industrie qui subsista dans notre ville jusque vers la fin du xviii<sup>e</sup> siècle.

Le premier essai d'établissement d'une verrerie à Rouen, dans les temps modernes, eut lieu en 1597. Deux gentilshommes verriers, natifs du duché de *Manthoue*, nommés Vincent Busson et Thomas Bartholus, en avaient conçu le dessein. Après s'être assurés que notre ville présentait toutes les ressources nécessaires à l'alimentation de cette industrie, ils louèrent sur la paroisse St-Eloy, rue des Jacobins, plusieurs bâtiments et un terrain convenable pour y construire leurs fours. Cela fait, ils s'adressèrent au Roi pour en obtenir un privilége et la permission de construire des fourneaux.

Par lettres patentes du 24 janvier 1598, Henry IV qui avait à cœur d'encourager toutes les industries, et « voulant donner à ses sujets du pays de Nor-
« mandie l'usage commun des ouvrages de verrerie comme chose qui leur est nécessaire », permit aux sieurs Vincent Busson et Thomas Bartholus, « de

« construire dans la ville de Rouen ou ses fau-
« bourgs une verrerie pour y fabriquer verre de
« cristal, verres dorés, émaux et autres ouvrages qui
« se font à Venise et autres lieux et pays étrangers,
« et autres qu'ils pourront de nouveau inventer...
« etc. » (1)

Les fourneaux furent construits rapidement, mais
avant la fin de l'année 1598, Busson et Bartholus re-
noncèrent à leur entreprise. Ils étaient en relations
suivies avec un nommé Jacques Sarrode, gentil-
homme qui exploitait alors la verrerie de St-Germain-
en-Laye et celle de Nevers. Soit que, pour se débarrasser d'une nouvelle concurrence en Normandie,
il ait promis à Busson et Bartholus une situation
avantageuse dans l'une de ses verreries, ou que
ceux-ci, en présence des grandes dépenses que leur
imposait le nouvel établissement, ne se soient pas
trouvés assez forts pour le pousser jusqu'au bout,
toujours est-il que le 16 décembre de cette même année
1598, ils obtinrent de Michel Letac, propriétaire des
bâtiments et du terrain qu'il leur avait loués, son
consentement à la résiliation du bail et s'obligèrent
à lui payer une indemnité de 520 livres et à lui livrer
trois douzaines de verres de cristal et un *chandelier
aussi de cristal, propre à mettre huit chandelles* (2).

La preuve que Jacques Sarrode n'avait pas été
étranger à la détermination de Busson et Bartholus,
c'est que, dans cet acte, ces derniers se disent « ses
« associés en sa verrerie de Paris sise aux faubourgs

(1) Arrêt du Parlement, 26 février 1598.
(2) Tabellionage, 16 décembre 1598.

« de St-Germain-des-Prés » et que Sarrod », présent à l'acte, y apposa sa signature.

Ainsi finit ce premier essai d'établissement.

Cependant, à sept années de là, un nouveau personnage recommença l'entreprise et y réussit. François de Garsonnet, d'Aix en Provence, vint à Rouen, chercha et trouva dans le faubourg St-Sever le terrain et les bâtiments qui lui étaient nécessaires, puis obtint du Roi, à la date du 8 mars 1605, la permission d'établir une verrerie à Rouen et le privilège d'exercer son art pendant dix ans, sans que jusques là aucune autre verrerie pût être établie en Normandie. (1)

Muni de son privilège, Garsonnet loua du sieur Bocadœuvre les bâtiments sis à St-Sever-lez-Rouen « où pend pour enseigne l'image St-Eustache »; le bail fut fait pour une durée de 6 ans. (2)

Désormais la verrerie de Rouen etait établie et dès 1606 elle commença à fabriquer. Mais ses débuts furent difficiles et Garsonnet vit approcher le terme de son privilège alors qu'il commençait à peine à réaliser quelques bénéfices. En cet état, il eut recours au Roi Louis XIII qui, par lettres patentes du 4 mai 1613, prolongea le privilège de dix nouvelles années (3).

A Garsonnet succéda une famille d'Azemar, originaire du Languedoc, qui conserva son privilège et le fit renouveler souvent; elle en jouissait encore en 1659.

(1) Arrêt du Parlement, 26 février 1605.
(2) Arrêt du 6 avril 1607, et Tabellionage, 17 mai 1608.
(3) Parlement, 26 juin 1613.

Alors furent révoqués tous les privilèges accordés précédemment aux gentilshommes verriers. La concurrence devint libre et la famille d'Azemar s'étant éteinte, la verrerie n'en continua pas moins sa fabrication, soutenue et exploitée successivement par Jean-Baptiste Cardon, Louis Barniole et Antoine François Hubert.

Le commencement du xvii° siècle fut fécond en industries nouvelles et, sans nous occuper plus longuement des verriers et de leurs luttes contre de pauvres patenôtriers, entre autres contre un nommé Mathieu Delamare qui avait construit, au faubourg Cauchoise, un petit four pour fondre et façonner le verre à l'usage des patenôtriers, nous allons continuer de passer en revue les diverses inventions qui se produisirent et qui prouvent qu'à cette époque un véritable progrès commençait à se manifester.

En effet, on voyait souvent apparaître des inventions nouvelles dont les auteurs, armés de privilèges pour quinze ou vingt ans, venaient s'établir chez nous et y apporter, sinon toujours la fortune, au moins l'émulation et des idées de progrès ; en voici quelques exemples :

En 1602, Antoine de Garancières, sieur de Courcelles, fit marché avec Antoine Quesnel, maître de la forge et fourneau de Lyre, pour la construction d'un *fourneau à fondre la mine de fer et à faire du fer* et d'une forge pour affiner le fer et le mettre en ouvrage (2). Et le 24 novembre suivant des lettres pa-

_____

(1) *Notice sur la Verrerie de Rouen*, par M. de Girancourt. Cagniard, imprimeur. Rouen, 1867.

(2) Tabellionage, 18 mai 1602.

9

tentes autorisèrent le même de Garencières à faire construire sur sa terre de Courcelles une forge et un fourneau pour faire fondre le fer.

Le 16 novembre 1605, le Parlement autorisa Pierre Barcelin, marchand de la ville d'Ariette en Italie, à vendre et débiter à Rouen, *l'huile de bitume ou naphta, dite de petrolle, propre et expérimentée pour la guérison des humeurs froides* (1).

Parlement — 27 avril 1606. — Un édit du Roi, daté de juillet 1605 avait autorisé en France et spécialement à Rouen, l'établissement de fabriques de savons *tant madrés* que communs et en avait réservé le privilège à Marc Antoine Leblanc, l'un de ses valets de chambre, et aux associés de celui-ci. Ce privilège fut vivement attaqué par les marchands, les apothicaires, les drapiers de Rouen et ceux de Darnetal. Le Parlement examina sérieusement l'affaire ; il en fit même des remontrances au Roi, auxquelles un arrêt du conseil privé fit droit en partie : il maintint le privilège, mais il accorda que les savons étrangers ne seraient admis en France qu'à la condition de payer les mêmes droits que les savons français. Le Parlement ne fut point satisfait de cette concession, et malgré des lettres de jussion qui l'obligèrent à enregistrer l'édit de 1605, il déclara dans son arrêt qu'il refusait l'exercice des privilèges et *qu'il réservait au contraire toute liberté pour tous ceux qui voudraient fabriquer des savons comme par le passé.*

Le 7 février 1615, le Parlement enregistra des lettres patentes accordant à un sieur Jacques Bocquet

---

(1) Parlement, 5 novembre 160°.

un « privilége qui lui permettait de bâtir des moulins
« à faire faulx et grandes forces à tondre les draps,
« à battre et tirer l'acier et tous autres ouvrages en
« fer; faire du lethon, en battre et tirer du fil, faire
« des plaques et tout ce qui se peut faire. » lui per-
mettant, en outre, de s'associer tant nobles, officiers
que autres. *sans déroger ni préjudicier* à leur qualité (1).

En 1620, Jérémie Vualens, qui déjà en l'année 1613.
avait obtenu un privilége pour établir à Rouen une
raffinerie de sucre. fut maintenu dans son privilége et
autorisé à continuer son *art de rafineur*, avec ses associés (2).

David de Landrina, docteur-médecin , et Pierre
Virais firent enregistrer des lettres patentes leur accordant pour vingt ans le privilége de faire des *eaux-
de-vie* avec du marc de raisin.— 14 août 1625 — Parlement.

Le 29 avril 1626, enregistrement des lettres patentes qui « autorisent Réné de Montesson à mettre
en lumière » la culture du tabac (Petun) durant 20
ans. Le Parlement ne consent l'enregistrement qu'avec
cette restriction, c'est qu'il ne pourra être vendu dudit
petun pour le corps humain qu'après visite des mé-
decins de Rouen et leur rapport sur l'utilité ou dommage du petun à peine de nullité du privilége et de
3,000 livres amende.

Henry et Melchior Goynart père et fils sont autorisés à établir sur la rivière des moulins et fourneaux

(1) Parlement, 7 février 16 .
(2) Parlement, 22 février 1620.

pour préparer et faire le bleu d'azur — 20 décembre 1629.

Le 15 décembre 1631, un nommé Pierre Loysel, sieur des Perriers, demande au Parlement de lui octroyer un privilège pour l'exploitation d'une *nouvelle presse pour les marchands drapiers* vendeurs de draps, serges et toiles dont il est l'inventeur, avec défense à toute personne d'en faire de telles, ou de l'imiter.

Du 14 septembre 1642, lettres patentes qui permettent à Louis Sellier et à Louis Deschamps de fabriquer et mettre en ouvrage l'*invention d'une lampe en forme de chandelle* utile au public et qui n'a encore été pratiquée.

1er août 1656. Enregistrement de lettres patentes qui permettent à Etienne de Villebressieu, ingénieur ordinaire du Roi, de faire édifier sur toutes sortes d'eaux courantes et dormantes les machines hydrauliques de son invention pour l'élévation des eaux.

Comme on le voit par ces quelques exemples, l'industrie s'éveillait, mais lentement; l'émulation, cependant, demeurait inerte et ne devait donner signe de vie que beaucoup plus tard. On a dit à cet égard que ces privilèges étouffaient l'émulation; ce reproche ne me paraît pas fondé, car si la révolution de 1789 a supprimé tous les *privilèges* industriels et autres, elle a donné naissance aux *brevets d'invention*, lesquels, sous une autre forme et sous un autre nom, ne sont en définitive que des privilèges, et cela, Dieu merci, n'a pas empêché l'industrie de se développer à l'aise et de doter la France de ces magnifiques conceptions qui font sa gloire et sa fortune.

Disons plutôt que le génie industriel attendait son heure, c'est-à-dire l'élément qui devait lui donner la vie et sans lequel il ne pouvait rien, cet élément, c'était la science ; sans la physique, sans la chimie, sans les hautes mathématiques où en serions-nous encore aujourd'hui ? Voilà ce qui manquait aux siècles passés ; ce n'était pas le génie, mais des connaissances spéciales.

Avant de clore ce chapitre relatif au commerce rouennais, je dois dire un mot de la draperie, bien que son histoire soit parfaitement connue ; je me borne à quelques petits faits de détail qui peuvent présenter encore quelque intérêt.

Tout ce qui touche à la fabrication, à la largeur des draps, aux lisières, au nombre de fils avait été réglementé par des ordonnances qui remontaient aux xiii° et xiv° siècles ; la manière de fouler et de tondre les draps avait également été spécifiée, en sorte qu'il ne restait plus qu'à suivre les lois, statuts et règlements pour fabriquer dans de bonnes conditions. Mais l'expérience, la concurrence et ce besoin de progresser qui surgissent incessamment au cœur de toute industrie amenèrent tout naturellement dans la draperie des modifications et des améliorations.

Ce furent les bonnetiers qui provoquèrent la première réforme. Depuis des siècles les bonnets, comme les draps, étaient foulés au moulin. Cependant quelques bonnetiers, sans doute par un motif d'économie, avaient depuis un certain temps donné des bonnets à fouler soit à la main, soit au pied. Les foulonniers se trouvant lésés par cette tentative de réforme appelèrent les bonnetiers devant le Parle-

ment et soutinrent que ces derniers n'avaient pas le
droit d'innover Mais l'intérêt public devant toujours
primer l'intérêt particulier, le Parlement ordonna
une enquête sur cette question : quel est le plus
avantageux pour le commerce que les bonnets soient
foulés à la main et au pied, ou au moulin ?

L'enquête dura trois ans et après beaucoup d'incidents un arrêt du 30 mai 1544 décida que les bonnetiers pourront donner à la foulerie du moulin tous
les bonnets à fond simple, mais qu'ils devront donner tous les autres bonnets à fouler à la main et au
pied. Ils placeront au fond de chaque bonnet une
marque pour indiquer ceux qui ont été foulés au
moulin et ceux qui ont été foulés à la main et au
pied.

Il ordonna aux uns et aux autres de s'en retour-
ner en leurs maisons et leur défendit de plus s'inju-
rier ni quereller sous peine d'amende et de prison.

La question ainsi tranchée entre les bonnetiers et
les foulonniers devait renaître, mais beaucoup plus
tard, entre les drapiers de Rouen et de Darnétal, et
les foulonniers au moulin, les foulonniers à la main
et les foulonniers au pied ; ce fut à l'occasion des
draps et des serges.

A l'imitation des bonnetiers, les drapiers avaient
fini par donner presque tous leurs draps à fouler au
moulin. en sorte que les pauvres foulonniers à la
main et au pied, qui étaient alors fort nombreux, se
trouvèrent insensiblement privés de travail et tom-
bèrent dans une profonde misère. Dans leur dé-
tresse, ils invoquèrent l'appui du Parlement, mais
cette cour, par un arrêt du 8 juillet 1599. décida qu'il

serait loisible aux fabricants de faire fouler draps et serges, soit au moulin, soit au pied, à la condition que les fabricants apposeraient sur chaque pièce une marque indiquant auquel des deux systèmes de foulage elle avait été soumise.

C'était assurément la ruine des fouleurs au pied ou à la main, car la fabrique trouvant plus d'économie à faire fouler au moulin devait naturellement préférer ce système à l'ancien et c'est ce qui arriva.

Cela dura jusqu'à l'année 1636 ; mais alors la concurrence anglaise était devenue si redoutable que fabricants et ouvriers étaient menacés de ruine. Les ouvriers surtout, au nombre de plus de *sept mille*, rien que dans la ville, faisaient entendre des cris de menace et se révoltaient. De leur côté les foulonniers au pied et à la main assiégeaient le Parlement et le pressaient par leurs doléances.

En ces pénibles circonstances, la cour, à la date du 24 avril 1636, après avoir entendu les fabricants drapiers de Rouen et ceux de Darnétal, mue par un sentiment d'humanité, rendit entre les parties un arrêt de réglement aux termes duquel les fabricants de draps étaient tenus à faire fouler au pied la *sixième pièce* de draps de leur fabrication.

Aucune des parties en cause ne fut satisfaite de cette décision, les fabricants moins encore que les ouvriers fouleurs au pied: cependant on l'exécuta tout d'abord; mais au bout de cinq à six ans les fabricants s'y refusèrent tout à fait. Le moulin à fouler, disaient-ils, n'existe pas seulement à Rouen, il est à présent en tous lieux; d'ailleurs, le drap ainsi foulé est mieux dégraissé, mieux préparé pour la teinture, il a plus de lustre, il rend davantage et coûte bien moins cher ; il est vrai néanmoins que celui foulé au pied est meilleur, mais la concurrence est telle que nous ne pouvons continuer à fabriquer dans les conditions imposées par l'arrêt de 1636 et si l'on persiste à nous obliger à les subir, nous quitterons la ville et nous irons nous établir ailleurs. Le Parlement, à qui ces réclamations étaient adressées le 15 septembre 1642, ne voulut rien changer au règlement de 1636 et se borna à ordonner pour la forme une nouvelle enquête. Mais c'en était fait désormais des foulonniers à la main et au pied ; des perfectionnements avaient été apportés au *moulin* et tout autre système était désormais impossible. Cependant il restait encore en l'année 1654 environ cinq à six cents foulonniers à la main ; de temps à autre on leur donnait encore quelques pièces à fouler, mais si peu, qu'il leur était impossible de vivre avec le produit, c'est du moins ce qu'ils vinrent exposer au Parlement qui s'était assemblé exprès pour les entendre, le 18 mars 1654. Les maîtres drapiers, dûment convoqués, étaient présents ; ils répondirent que si les fouleurs au pied, au lieu de ne travailler qu'une heure par jour et d'aller ensuite passer le reste du temps à la taverne et y dépenser ce qu'ils ont gagné, tandis que leurs femmes et leurs enfants sont obligés d'aller mendier pour vivre, si au lieu de cela ils avaient voulu travailler, on n'aurait pas été forcé d'avoir recours aux moulins qui ont élevé le prix de leurs salaires jusqu'à 35 et 40 solz par jour. Ils n'ont donc qu'à s'en prendre à eux-mêmes si leur sort est devenu si misérable. Ce fut, je crois, le dernier mot de l'affaire et le dernier effort des fouleurs à la main.

On voit par cet exemple combien il était difficile alors de sortir de la routine, même quand il s'agissait d'une amélioration ou d'un progrès incontestable ; car il est évident que le foulage des draps au moulin offrait à l'industrie drapière le double avantage de la célérité et de l'économie. Et cependant, avant d'arriver à quelque chose d'à peu près définitif, les fabricants durent plaider contre les fouleurs à la main pendant plus de *cinquante-cinq ans !* C'est que chaque moulin avait sa maîtrise et trouvait dans ses statuts une sorte de privilège sur certains travaux que nul autre métier n'avait le droit de lui enlever.

Par exemple, il existait sur la paroisse Saint-Gervais de Rouen, deux fortes corporations, celle des tapissiers et celle des toiliers. Les tapissiers tissaient des tapis de table et de pied *en laine* et fil. Les toiliers, ayant prétendu trouver dans leurs règlements le droit de tisser aussi des tapis en laine, se mirent à en fabriquer. De là surgit tout naturellement un gros procès. Les toiliers exhibaient une charte du 16 octobre 1398 ; mais le Parlement, n'y ayant point vu ce que les toiliers prétendaient y voir, leur permit de faire des tapisseries en pur fil et leur défendit de tisser en laine. Deux arrêts du 7 juillet 1556 et 3 mars 1557 mirent fin à la lutte.

Cependant, dès 1571, la concurrence étrangère commençait à troubler la quiétude des fabricants rouennais ; c'est pourquoi, dans l'espoir de la combattre, ils avaient songé à lui en opposer une par la contrefaçon de ses produits. Le 1er février de cette même année, le Parlement ordonna une enquête sur les moyens et la commodité de faire les serges et les escots *façon de Florence*. Mais c'était sur les draps que la concurrence devenait redoutable ; les Anglais en apportaient à Rouen des quantités considérables qu'ils vendaient pendant les foires à bas prix. Ainsi, tandis que les marchands drapiers de Rouen vendaient leurs draps à raison de 9 à 10 *livres* l'aune, les Anglais vendaient les leurs au prix de 50 à 60 sols.

La lutte était donc difficile dans de telles conditions et il ne restait à nos fabricants qu'à demander au Parlement d'interdire les foires et les halles aux Anglais ; mais cette cour n'accueillit point leur demande, et, par un arrêt du 1er février 1601, elle décida que très humbles remontrances seraient faites au Roi sur ce point, et que, néanmoins, il serait permis aux Anglais d'exposer et vendre pendant un mois leurs marchandises, sauf à confisquer les draps qui seraient trouvés vicieux.

Cet arrêt blessait profondément les intérêts rouennais, déjà si compromis depuis quelques années ; la draperie était alors dans un état de décadence telle que, dans un procès entre les drapiers et les tapissiers, M. Duviquet, avocat général, prononça ces paroles : « Le métier de draperie était si bon autrefois que l'on vendait l'aune d'écarlate *quarante* et *cinquante livres*, tandis qu'aujourd'hui elle ne se vend plus *que* 17 à 18 *livres*, bien qu'elle soit plus belle et d'une main plus déliée » (arrêt du 8 mai 1612).

Cependant, nos fabricants, si rudement atteints par l'arrêt de 1601, ne se découragèrent pas ; la lutte éveilla même chez eux une vive émulation.

L'un d'eux, Paul Pinchon, entrepreneur de manufacture, teinture et apprêts des futaines, façon d'Angleterre (1), et qui, indépendamment de sa maison de Rouen, avait des établissements à Tours et à Paris, fit venir du comté de Suffolk un habile ouvrier, nommé Charles Morice et se l'attacha par un engagement de deux ans, aux termes duquel Morice s'obligeait à le bien et fidèlement servir et s'employer à travailler des grandes forces et autres outils, pour lainer et friser les futaines à la façon d'Angleterre (1), sans que ledit Morice pût montrer ledit art et science d'apprêter ainsi lesdites futaines à personne, sous peine de 300 livres d'amende ; ses gages furent fixés à *cent livres par an*, la nourriture et le logement ; c'était énorme pour l'époque, comparativement aux salaires que l'on donnait habituellement aux meilleurs ouvriers engagés dans des circonstances analogues. L'établissement de Pinchon réussit à merveille et prit un rapide développement : il fit venir de nombreux ouvriers d'Angleterre et se mit à teindre, friser et apprêter non-seulement les futaines, mais aussi les basins ; puis, quand il se fut assuré que l'appui du commerce rouennais ne lui ferait point défaut, il s'adressa au Roi qui, par lettres patentes, enregistrées au Parlement le 19 janvier 1609, lui accorda un privilège de 10 ans, avec permission d'établir, tant à Rouen qu'à Paris, Tours et Troyes, ses ateliers pour teindre, friser et apprêter les futaines et les basins à la façon d'Angleterre. Il eut

(1) Tabellionage, 29 mars 160*.

bien à soutenir quelques procès contre les tondeurs, mais il s'en inquiéta peu.

A l'exemple de Pinchon, les drapiers voulurent sortir de l'ornière ; le discrédit du drap les fit ajouter à leur fabrication celle des serges ; ils inventèrent les *serges à poil*, contrefirent les serges de Beauvais et de Florence et se mirent également à fabriquer des frocs. Bientôt les drapiers de Bolbec, Gruchet, Bacqueville, Grainville et d'autres pays circonvoisins les imitèrent.

Les frocs devaient avoir 3/4 d'aune de large et les froquets une demi-aune. A l'étalage pour être vendus les froquets devaient être présentés déployés et en rouleaux et les frocs ployés et « festez » (arrêt du 24 mai 1635).

Depuis 1601, l'industrie de la draperie, de la tapisserie et du tissage était en progrès : l'établissement Pinchon par la perfection de ses apprêts y contribua largement. A côté de cet établissement, mais au faubourg S' Sever, s'en était élevé un autre pour tissage des toiles. Il fut consacré par lettres patentes et définitivement constitué par divers contrats qui furent homologués au Parlement le jour même de l'enregistrement des lettres patentes, c'est-à-dire le 30 janvier 1606.

Les fondateurs étaient les s' Wolf et Lambert. Leur entreprise, dont les contrats et les lettres patentes expliquent le but et les moyens, était d'une importance des plus considérables ; ils firent d'abord construire d'immenses bâtiments destinés à contenir 350 métiers à tisser ; plus deux curanderies. *dans chacune desquelles* 50 *personnes* devaient prendre

place. L'établissement fut désigné sous le nom de *La grande tissanderie*; il fut monté d'abord au moyen des ressources des deux fondateurs Wolf et Lambert auxquelles vint s'ajouter un prêt de cent cinquante mille livres! constaté par les actes dont il vient d'être parlé. La grande tissanderie était garnie complétement « de toutes choses convenables pour y
« manufacturer et fournir toute sorte de toiles fines
« étrangères, soit de Hollande ou autres, *des quelles*
« *aucune manufacture ne se fait à présent en France*, tant
« pour vêtir, que pour serviettes, nappes et autres ou-
« vrages ouvrés, damassés, figurés ou rayés d'or et
« d'argent ou de soie, de toute couleur ou façon. »
150 métiers furent d'abord installés et l'année suivante 200 autres. Les ouvriers pouvaient être pris à
l'étranger pour moitié seulement et le reste devait être
composé de Français. (Parlement, 30 janvier 1606.)

Telle fut, je crois, l'entreprise la plus hardie du
XVIIe siècle à Rouen; que devint-elle par la suite?
que devint celle de Paul Pinchon? Comme la
verrerie construite en 1597 sur la paroisse St Vincent, comme la fabrique de soie et la plantation des
muriers tentées par Henri IV en l'année 1604, ne
jetèrent-elles tant d'éclat à leur naissance que pour
disparaître bientôt dans quelque catastrophe? C'est
ce que je ne saurais dire.

Mais en m'étendant si longuement sur ces détails
je n'ai eu en vue que de montrer les courageux efforts
tentés alors par l'industrie rouennaise pour lutter
contre la concurrence étrangère, sans m'imposer la
tâche de rechercher si les résultats obtenus furent de
longue ou de courte durée.

## VI

### VOYAGES DE LONG COURS.

Il ne me reste plus qu'à signaler les navires qui pendant le xvie siècle, s'adonnèrent aux voyages de long cours.

*Brésil, Côte de la Guinée. Cap Vert, Cap à trois pointes. Terre des Cannibales, Indes, l'érou. Canaries, Iles de la Palme, etc.*

Voici l'analyse des notes que j'ai recueillies sur les hommes et sur les navires qui entreprirent de faire voyage en ces diverses contrées pendant les xvie et xviie siècles.

En 1523, Jean Terrien, marchand à Dieppe, confia la conduite de son navire à un capitaine nommé Jacques de Saint-Maurice, pour faire un voyage au *Brésil*. Le voyage accompli, le navire revenait à Rouen « chargé de grands biens, de grand nombre « d'or en barres et en lingots. de perles, de pierres « précieuses, de sucre et de caisses de confitures « lorsqu'il fut assailli par les Portugais qui le « pillèrent de tous ces biens (1). » L'arrêt du Parlement ne fait pas connaître : le nom du navire de Dieppe.

En 1539, Nicolas Guincestre, marinier à Rouen, tiercenier en la nef de 120 tonneaux la *Madeleine*, fit

(1) Parlement, arrêt du 13 janvier, et Tabellionage, 18 janvier 1524.

voyage au *Brésil* et en *la terre des Cannibales* et ramena la *Madeleine* au port de Fécamp. Il vendit les *trois quarts de sa part* dans ce qui avait été rapporté du Brésil moyennant 60 livres tournois. — Tabellionnage, 3 février 1540.

En 1541, Guillaume Houzard, demeurant à la Bouille, fit voyage au *Brésil* et à la *Terre de Guinée*, sur sa nef la *Perrine* du port de 120 tonneaux.

En l'année 1541, le navire la *Madeleine*, de 120 tonneaux, appartenant à Richard Buisson, demeurant à la Bouille, partit de ce petit port, armé et équipé en guerre, sous le commandement de Richard Simon et de Thomas Buisson son compagnon, pour la terre du *Brésil* et *côtes de la Guinée*. La *Madeleine* effectua son retour par le Hâvre-de-Grâce fin juin 1542. Après être rentrée à la Bouille, elle en repartit presqu'immédiatement et s'en alla faire un voyage aux *Indes*. Avant d'être arrivée au terme de son voyage, elle fit rencontre d'un navire espagnol, la *Catherine*, de Séville, qui revenait du Pérou, chargée de perles, pierreries, or et argent, sucres, cuirs et autres marchandises. La *Madeleine*, fortement armée et bien équipée, attaqua la *Catherine*; c'était précisément le jour de Noël. Après un long combat, le navire espagnol fut abordé, pris et pillé de tout ce qu'il contenait par le navire de la Bouille, mais il se trouva que les propriétaires de la *Catherine* de Séville étaient l'*Empereur Charles d'Autriche et Philippe d'Autriche, Prince des Espagnes* ! C'étaient là de fortes parties contre lesquelles les deux Buisson, de la Bouille, allaient avoir à défendre la légalité de leur prise. Aussi furent-ils promptement appelés devant la justice de l'amirauté d'abord, puis par appel

devant le Parlement. L'amirauté n'hésita pas à déclarer que la prise avait été faite en temps de paix et au préjudice d'une nation amie. Le Parlement se montra un peu plus difficile et, le 18 janvier 1544, il ordonna une instruction et des enquêtes. Le procès dura fort longtemps, le Roi de France s'en mêla et blâma la prise dans des lettres patentes qu'il adressa au Parlement. Enfin, le 12 mai 1551, cette cour déclara Buisson et ses pilotes convaincus d'avoir déprédé le navire la *Catherine* en temps de paix, les condamna à tout restituer, confisqua leurs biens et les bannit du royaume (1).

Le navire l'*Espérance*, sous le commandement de Guillaume Lemire, partit en septembre 1541 pour la côte de *Guinée*. Le *François*, de 70 tonneaux, sous le commandement de Robert Michel et de Guillaume Lemoine, partit en octobre pour la même destination. En novembre, la *Marye*, de 70 tonneaux, capitaine Jean Laurens, et la *Fleurye*, de 100 tonneaux, capitaine Jean Hardy, partirent d'Honfleur pour le *Brésil*, ainsi que la *Bonne adventure*, de 80 tonneaux, capitaine Gueffroy Penne et la *Marie*, de 120 tonneaux, capitaine et bourgeois, Martin Cavelier, de Rouen (2).

Le 28 novembre 1541, Gérard Mallet, de Rouen, bourgeois de la *Loyse*, de 80 tonneaux, dont est maître Jean Buhot, vend son quart du profit du dernier voyage fait en *Brésil*, moyennant 200 livres.

Le 11 avril 1543, François Maillard, marchand à

(1) Arrêts des 18 janvier 1544, 12 mai 1551, et Tabellionage, 6 octobre 1541, 23 août et 7 septembre 1543.

(2) Tabellionage, 26 août, 27 octobre, 29 octobre, 19 novembre et 9 décembre 1551.

Rouen, victuailleur pour un quart du navire la *Catherine*, de 70 tonneaux, dont est capitaine Robert Michel et maître Christophe Lioneys, *étant de présent au voyage du Brésil et du cap à Trois-Pointes*, vend le *demi-quart* qu'il aura dans les marchandises et deniers que produira le dit voyage, moyennant la somme de 460 livres 19 sols. — Tabellionage.

Le 4 octobre 1543. Margarin Rogerin, Thomas Jahan et Nicolas Dupont, marchands à Rouen, attestent par serment, que se trouvant *en Afrique* au mois de juillet dernier, ils virent charger par noble homme Jehan Pacquelou, procureur pour le Roi au dit pays d'Afrique, en une caruelle dont était maître Sébastien de Salme, 157 caisses de sucre, 50 quintaux de cire, 13 balles de plumes d'autruche, 26 quintaux de cuivre, 20 caisses de gomme arabique, 150 onces d'ambre gris ; une *lionne*, 4 *faucons*, une *autruche*, 12 poules de Guinée, un millier de métaux d'or ; avec artillerie et munitions de guerre. — Tabellionage.

Le 25 août 1543, Merien Chachou et plusieurs autres affirment qu'au mois de juillet dernier. ils virent arriver à Rouen deux allèges chargées de grande quantité de marchandises de maniguette pour Jehan de Quintanadoine et Robert Leharivel, marchands à Rouen, laquelle maniguette arrivait de *Guinée* dans le navire la *Grande-Martine*. — Tabellionage.

En avril 1544, partit de Grandville pour le *Brésil*, le navire l'*Autruche*, de 100 tonneaux, sous le commandement du capitaine Olivier Vasselin. — Tabellionage.

Le 23 juillet 1546, noble homme Nicolas Lemarinier, sieur du Busle, demeurant à Charlemesnil, bourgeois d'une nef nommée *La bonne aventure*, du port de cent tonneaux appareillée pour faire voyage *au cap à Trois-Pointes*, emprunte à la grosse aventure 110 livres qu'il rendra au retour avec 44 livres pour le profit. (Tabellionage). Thomas Mignot, dans un acte du 18 décembre se dit maître après Dieu et bourgeois pour un demi quart de la nef nommée *La Bonne-Aventure*, très probablement la même, également du port de 100 tonneaux, de présent appareillée au port de Quillebeuf prête et appareillée pour aller faire le voyage cette présente année au *cap à Trois-Pointes* et à la terre du *Brésil*, pour partir au premier beau temps.

24 mai 1549 — Regné et Jean Féré, maîtres de la nef *La Salamandre*, du port de 140 tonneaux, appareillée, munie d'artillerie, armes, ancres, voiles, câbles, munitions, etc., pour faire voyage *au Cap Vert* et revenir par les côtes du *Brésil*, montée par 36 hommes et 4 pages, vendent la moitié des victuailles pour un prêt à l'aventure de 900 livres qu'ils rembourseront au retour par 450 livres et la moitié des bénéfices du voyage. (Tabellionage).

27 juillet 1549. — Thomassin Auber, maître d'une nef nommée *La Trinité*, du port de 88 tonneaux, partant pour le *Brésil*, emprunte 60 livres pour employer au radoub et aux victuailles de sa nef. (Tabellionage).

17 mai 1549. — Jehan Fretel, bourgeois d'une nef nommée *La Blanche*, du port de 200 tonneaux, commandée par le capitaine Morel, part pour le *Brésil* et emprunte 250 livres pour le radoub de son navire. (Tabellionage).

Le 5 juin 1553. — Guillaume Garrard alloue Jean

Hermyn, chirurgien-barbier, pour faire le service de
son dit état à bord du navire *La Prumerolle* durant
son voyage d'aller et retour *en la Guynée*, moyen-
nan cinq écus d'or soleil *pour chaque mois* à commencer d'aujourd'hui, dont trois payés d'avance. Plus
20 écus d'or soleil pour employer en onguens, méde-
cines et autres choses nécessaires pour le dit voyage.

Et en cas de prise du navire par les ennemis du
Roi, le dit Garrard sera tenu de payer la rançon dudit
Hermyn et de le ramener à Honfleur ou à Rouen.
(Tabellionage).

Du 8 décembre 1554. — Le navire *Lamulle* en partant pour *la Guynee et le cap à Trois-Pointes*, est ainsi
armé : 6 ancres, 6 cables, 12 voiles, artillerie, poudres, lances à feu, boulets ; 70 bons marins, y compris les pilotes, canoniers, charpentiers et barbier,
une barque de 25 tonneaux et le bateau du navire. Le
tout bien fourni d'avirons, voiles, grapins, etc. (Tabellionage).

### De Villegaignon au Bresil.

Le 7 mai 1555, Jehan de S⁺-Léger, marchand drapier à Rouen, reçoit du trésorier de la marine 168
livres tournois en paiement de 396 aunes de frises
rouges, bleues et vertes par lui livrées à 18 solz six
deniers l'aune, au sieur *de Villegaignon pour emporter
en un voyage secret* fait par celui-ci par le commandement du Roi et que *le dit sieur a dit ne vouloir autrement être ici spécifié.* (Tabellionage).

Du 13 octobre 1556, Jean Mortreul, laboureur à
S⁺-Martin-d'Oissel, s'est alloué à honorable homme

M. Richard de la Porte, bourgeois de Rouen, pour aller demeurer avec lui en la terre du *Brésil*, pour le temps de deux ou trois ans, pour le service du Roi et de Monsieur le chevalier de Villegaignon, pour audit lieu du *Brésil* servir ledit sieur de Villegaignon et le dit de la Porte en tout ce qui lui sera commandé. Lesquels s'obligent à lui fournir sa dépense de bouche et à lui payer 20 livres par an pour ses gages. (Tabellionage).

Le même jour, Jacques Penyn, maçon, platrier et couvreur, de la paroisse Saint-Aubin-Jouxte-Boulleng, s'alloue aux mêmes de la Porte et de Villegaignon, pour travailler de son dit état *au Brésil* ; il aura sa dépense de bouche et sera payé à raison de 40 livres par an.

En 1558, le 27 septembre, Nicolas de Villegaignon, représenté par Paris de Boislecomte, son neveu et commis, expose au Parlement que par lettres-patentes données à Saint-Germain-en-Laye le 31 octobre 1557, pouvoir lui a été donné de prendre aux prisons du ressort de Rouen cinquante hommes ayant commis crimes dignes de mort et commuables en galère, pour les emmener *au Brésil* pour l'entreprise dudit de Villegaignon commencée. En conséquence il prie la cour d'ordonner que les dits cinquante hommes lui soient délivrés.

Surquoi la Cour ouï et ce requérant le Procureur général ordonne la délivrance immédiate des cinquante hommes audit de Villegaignon. (Parlement, arrêt du 27 septembre 1558.)

Le 13 novembre 1558 • Catherine Monfrey, femme • procuratrice de Jacques Penyn, maçon, étant à pré-

« sent en la terre de la *France antarctique au fort de*
» *Coligny*, reçoit comptant de noble homme Paris Le-
« gendre sr de Boislecomte-lez-Meaux en Brie, capi-
« taine-général de deux navires ou roberges apparte-
« nant à haut et puissant seigneur monsieur le
« chevalier de Villegaignon, la somme de 38 livres
« 10 solz pour reste et par paye d'une année et demie
« échue à Saint-Michel du loyer du audit Penyn par
« ledit seigneur et par les *héritiers de défunt Richard de*
« *La Porte*, en son vivant étant audit lieu de Coligny. »
— Tabellionage, 13 novembre 1558.

Le 13 août 1560, nouvel arrêt du Parlement qui
sur le vu de lettres-patentes, accorde au sr de
Villegaignon la délivrance de treize condamnés aux
galères pour les emmener au *pays par lui conquis au*
*Brésil* au lieu nommé la *Fance antarctique* et pour la
coloniser.

27 février 1564. — Guilllaume Berry intéressé dans
le navire *La Marie*, de quatre-vingt-dix tonneaux,
dont est maître Guillaume Parey, de présent en mer,
faisant le voyage du *Brésil* à l'amont et côte des canibales, est également intéressé dans le *Saumon* de
quatre-vingt tonneaux dont est maître Geoffroy
Dupré, ledit *Saumon* appareillé pour partir audit
voyage du Brésil à l'amont et côtes des Canibales. —
Tabellionage.

Jusqu'en l'année 1581 mes notes sont blanches en
ce qui touche les voyages au *Brésil* ; mais à la fin de
cette année je trouve un personnage important du
commerce rouennais, nommé et simplement qualifié
bourgeois, marchand demeurant à Rouen, en la paroisse Saint-Jean ; c'est Adrien *Leseigneur*, le même

qui, à quelques années de là, sera devenu le seigneur de *Reneville !* et qui, dans l'intervalle de 1581 à 1595, fera construire pour l'habiter, rue de la Grosse Horloge, cette jolie maison en terre-cuite, ornée d'arabesques, de dessins, de moulures et de figures, qu'on fut obligé d'abattre pour l'ouverture de la rue de l'Impératrice (aujourd'hui Jeanne-Darc), mais dont les débris ont été recueillis avec soin par la ville, dans l'intention de la faire reconstruire soit dans l'un de nos squares, soit sur l'une de nos places publiques. Ceci dit en passant, afin de constater l'origine de cette maison et le nom de celui qui la fit construire, dont il sera certainement parlé plus tard, si la note que j'ai adressée au maire de Rouen a été conservée.

En 1581, le 22 décembre, devant les notaires de Rouen, Adrien Leseigneur, s'associa Octavien Lenoir, demeurant à Dieppe, capitaine de navire, et le chargea de porter au *Brésil* en l'amont et côte des Cannibales, sur son navire de 70 tonneaux nommé l'*Espérance*, une grande quantité de marchandises pour les y vendre et en rapporter d'autres ; lesquelles eront partagées entre eux au retour, sauf les oiseaux et les bêtes qui seront donnés savoir : moitié aux chargeurs et l'autre moitié au capitaine.

Le 22 mars 1584, le même Octavien Lenoir, partit avec un navire, le *Croissant*, dont il était capitaine, pour le *Brésil* à l'amont et côtes des Canibales ; ce navire était du port de 180 tonneaux. Jean David, qui en était victuallier pour 1/16e, vendit sa part dans le profit espéré du voyage moyennant 162 écus à un nommé Jean Buhot.

Tabellionage. — 7 février 1595, Daniel Poictou,

capitaine pour le Roi en la marine, demeurant à Herri-
Carville (Quillebeuf). Isale Poictou son frère et les
associés bourgeois et victuailleurs du navire l'*Elisabeth*, faisaient la guerre en mer pour le Roi, lorsqu'ils
firent rencontre d'un navire Espagnol qui revenait du
*Brésil* chargé de sucres, canelle, clou de giroffle, toiles et autres marchandises. Après s'en être emparés
ils le renvoyèrent en France sous la conduite de
quelques hommes de l'équipage de l'*Elisabeth*. Mais à
peu de temps de là plusieurs navires Flamands tom-
bèrent à leur tour sur le navire Espagnol et s'emparèrent de tout ce qu'il contenait, entassèrent le tout
dans leurs navires, ainsi que plusieurs Portugais,
des nègres et des négresses qui s'y trouvaient.

Le 26 novembre 1595, devant les notaires de
Rouen, nous retrouvons Adrien Leseigneur devenu
seigneur de Reneville ; il est avec Jean Bulteau, autre
marchand de Rouen, propriétaire du navire le *Serpent*, de 65 tonneaux ; ils se sont associés, pour faire
voyage aux côtes de Guinée, Angoulle et Brésil, deux
marchands de Dieppe, les sieurs Favet et Chauvin et
ont confié le commandement du *Serpent* au capitaine
Berthélemy Dubosc, de Dieppe. Mais le voyage ne
fut pas heureux ; alors que le navire revenait du
*Brésil* chargé de marchandises, il fut poursuivi et
pris par un navire Anglais, commandé par un capitaine de la reine d'Angleterre.

D'après mes notes, les voyages au Brésil devien-
nent de plus en plus rares. En 1607, je trouve Esale
Poictou, capitaine entretenu par le Roi, en la marine,
partant pour le *Brésil* sur le navire la *Marye*, de 100
tonneaux 20 avril 1607. (Tabellionage).

Le 27 août 1607, Jean Guerard, commandant le navire *Le Dauphin* et la barque *Le poste*. raconte le voyage qu'il fit au Brésil en 1596. (Arrêt du Parlement).

Le 25 octobre 1612, devant les notaires de Rouen, Michel Mariavalle, fait un long récit du voyage qu'il fit, à la fin de l'année 1611, à bord du navire le *Saint Jacques* du port de 130 tonneaux. Ce navire, commandé par le capitaine Pierre Lecomte, partit du Havre de grâce à la fin de novembre, étant monté par 53 hommes d'équipage. Il eut beaucoup à souffrir du mauvais temps, si bien qu'au bout de huit jours de tempête, le navire était tellement ébranlé qu'on fut obligé de jeter le pain à l'eau ; on continuait cependant le voyage, lorsque à la hauteur *du Cap-Blanc*, le Saint-Jacques fut attaqué par un pirate anglais, mais il se défendit avec une telle vigueur que l'anglais jugea prudent d'abandonner la partie ; une fois débarrassé de cet ennemi, le Saint-Jacques reprit sa marche sur le Cap-Vert dans l'intention d'y faire de l'eau, pour aller ensuite descendre à terre à Tagrin, côte de Guinée où l'on avait l'intention de prendre du bois rouge et d'ébène, et passer ensuite à Mafraguyas, terre du *Brésil* ; mais il leur fut impossible d'exécuter ce projet, ils furent contraints d'abandonner la côte du Brésil. Ils eurent tant de malades que la moitié de l'équipage mourut en peu d'heures de douleurs de ventre et d'estomac. Le capitaine, le contre-maître, le pilote, tous les principaux de l'équipage succombèrent, si bien que treize hommes seulement, y compris le déclarant, échappèrent à la mort et purent ramener le navire !

Le 5 mars 1620, dans un très long récit devant les

notaires de Rouen, un nommé Jacques Souing parle de deux navires le *Saint-Jacques* et le *Jean de Poimpont* qui auraient fait voyage au *Brésil* et auraient disparus chargés de marchandises pour environ quarante-cinq millions !...

Enfin un arrêt du 20 décembre 1653, à l'occasion d'un voyage aux côtes d'Espagne, de Portugal et du Brésil, par le capitaine Hovel, commandant le navire *La Vierge* fournit quelques détails sur ces voyages. (Parlement 20 décembre 1653.)

Ayant fait une série à part des notes dans lesquelles il n'est plus parlé du Brésil, mais seulement du Cap-Vert, des côtes de Barbarie, Guinée, Cap-Vert et Cap à trois pointes, je suis obligé de rétrograder jusqu'à l'année 1556 pour en donner l'analyse :

Dans un procès jugé le 10 juillet 1556 entre François Fauconnier et Jean Bocquet, à l'occasion d'un voyage fait en Guynée, au Cap Vert et au Cap à trois pointes, il est question d'un naufrage à la suite duquel tout l'équipage aurait cru se sauver en gagnant la *terre des neigres* mais d'où deux hommes seulement auraient pu s'échapper ! Et comme il s'agit d'une question d'assurances, on soutient *qu'en temps ordinaire un navire faisant une lieue à l'heure*, 20 jours auraient suffi pour revenir de Guinée. (Arrêt du Parlement, 10 juillet 1556.)

Tabellionage, 9 janvier 1558, long marché d'affretement du navire *La Bonne-Aventure*, de 80 tonneaux pour porter des marchandises à la côte de Guinée et en rapporter maniguette, or, morfil, bêtes et oiseaux.

Le 1er octobre 1567, Barthelemy Hallé, Alonce Lesagneur, Bonaventure de Crament, Eustache Tre-

vache et *Adrien Leseigneur* (dont il a été question
dans les voyages au Brésil) s'associent pour le trafic
et commerce en pays de Barbarie et ès lieux de Saphy, Sainte-Croix, Cap-de-Gay, Maroque et terre
de Therouden ; ils y envoient d'abord le navire *Le
Samson*, puis plusieurs autres qui suivront, avec
chargement de toiles blanches et d'autres marchandises propres ausdits pays, le tout pour subvenir et
employer à faire un parti de sucres blanc et moyen
jusqu'à la somme de 80,000 mille ducats !

16 mai 1573, Nicolas Letailleur, vend à Pierre Feron son navire nommé *La Louise*, du port de 110 tonneaux ayant fait le voyage de Barbarie, avec le petit
bateau Flambart, 4 ancres, 4 cables, 4 chiens, neuf
berches fournies chacune de deux boîtes, tous les
mats, voiles, cordages, avirons, moyennant 3,142.
livres tournois.

Du 3 mai 1560. — Nicolas Buisson, maître et
bourgeois pour un quart du navire le *Cygne*, de soixante
tonneaux, affrette son navire à Charles de Sainte-
Croix, demeurant de présent à Rouen, pour, après avoir
pris son plein chargement, partir à la fin du mois pour
l'île de Tenérif, au port de Sainte-Croix et à Garachico,
autre port de ladite île. —Signé : Charles *de Santa-Crus*.

9 Janvier 1560. — Nicolas Saussay, de Dieppe,
affrette son navire nommé la *Gaitaire*, du port de
quatre-vingt tonneaux, à Adrien Leseigneur, pour
faire voyage au cap Vert et rivière du Sénégal.

13 août 1563. — Nicolas Sanchay de Dieppe, (1) mai-

(1) Le même que dans l'acte précédent, malgré la différence
d'orthographe des deux noms.

tre et capitaine de navire la *Gallaire* de quatre-vingt
tonneaux, prend à tiers le dernier navire de Adrien
Leseigneur, pour faire voyage au cap Vert ; lequel
Adrien Leseigneur a fourni les 3/4 et demi des marchandises à transporter et l'autre demi quart fourni
par Robert Lemercier pour du Mesnil Gaillard.

8 Janvier 1584. — Jacques Mignot, a fait en 1581,
pour Guillaume Bosquet le voyage de Barbarie sur le
navire le *Grand-Emerillon*, commandé par Pierre
Clément ; il est resté en Barbarie pendant trois ans et
huit mois ; il en expédiait des marchandises à Guillaume Bosquet, lequel y avait établi un comptoir et
y avait un facteur. (Parlement, arrêt des 23 novembre
1582 et 8 juin 1584.)

3 Juin 1584. — Cardin Haistre, affrette son navire
l'*Espérance* de cent vingt tonneaux, à Eustache Trevache
pour aller en Saphy et cap de Gay, côte de Barbarie.

Du 13 août 1587. — Guillaume Avisse, demeurant
à Honfleur, affrette son navire la *Madeleine*, de cent
tonneaux, à Corneille Cupre, pour faire voyage à
Saphy, cap de Gay et côte de Barbarie.

En l'année 1587, au mois d'octobre, partirent de
Rouen et naviguèrent de compagnie vers les côtes de
Barbarie plusieurs navires, entre autres le *Don-de-Dieu*,
du port de cent cinquante tonneaux, appartenant à
Corneille Cupre et commandé par le capitaine Jean
Lemonnier, et le *Cayman*, de cent tonneaux, appartenant à Michel Dubois et ayant pour capitaine Nicolas
Leroy. Ces navires étaient chargés d'une quantité
considérable de marchandises diverses, telles que
toiles blanches, cardes, clous, papiers, cordes, ficelles
pour emballer les sucres, barils, peignes, poudres,

boulets, artillerie, etc. Mais avant leur arrivée aux côtes de Barbarie, ils furent rencontrés par trois navires anglais, dont l'*Amiral* etait de plus de quatre cents tonneaux et était nommé le *Marchand royal*, de Londres, les quels trois navires attaquèrent le *Cayman* et le *Don-de-Dieu*, les prirent et les pillèrent. — Tabellionage, 12 janvier et 25 août 1588.

Le 16 mars 1588. — Vivien Colas, de Dieppe, affrette son navire le *Lévrier* dit *le Petit-Bressart* du port de deux cent cinquante tonneaux, à Corneille Cupre et à François Marc pour charger de marchandises et partir en avril prochain et faire voyage à Saphy, cap de Gay et côte de Barbarie. Il aura un équipage de quatre-vingt-dix hommes, avec artillerie, poudres. boulets et autres munitions de guerre.

20 Août 1597. — Thomas Verdier. affrette son navire le *Don-de-Dieu*, de soixante tonneaux à Jean Bulteau et à Jean de Saint-Léger, de Rouen, pour faire voyage à Saphy, cap de Gay et pays de Barbarie.

Le 21 novembre 1669, Antoine Dandane, maitre des matelots du navire le *Fleurissant* de la Compagnie occidentale, en prit le commandement à la prière de Pierre Lemoigne, capitaine qui étant parti de Dieppe le 16 mars 1669 pour le Sénégal où il arriva le 30 mai, y déchargea son navire, le rechargea de cuivre et de morfil, tomba malade et décéda le 30 août. Le navire repartit pour France le 16 septembre. (Amirauté du Havre. Rapports.)

13 septembre 1670. Abraham Gosse, capitaine du navire le *Saint-Antoine* de 250 tonneaux, appartenant au Roi, affretta son navire pour Pierre Formont et Cᵉ de Paris et le sᵣ !u Héron intendant général de la

marine, partit en décembre 1669, arriva en rade de la Palice, où il se chargea d'eau-de-vie, bœuf et lard salé qu'il porta aux Iles de l'Amérique pour les victuailles des navires *Lhermine*, capitaine Henri Marchand, l'*Europe*, capitaine Josias Boivin, tous deux en Guinée, le 1ᵉʳ appartenant au Roi et le second aux sʳˢ Formont et Cⁱᵉ (amirauté du Havre).

### VOYAGES AUX INDES ET AU PEROU.

Le 26 mars 1522, Nicolas Lirot, demeurant à Paris, confesse que Mᵉ Cyprien Rebia, son maître, principal du collége des Lombards à Paris, lui a mis aux mains pour faire le voyage des *Indes*, pour et au profit de son dit maître, la somme de *cinquante écus* d'or ! pour employer en plusieurs sortes de marchandises pour le fait du dit voyage et dont il tiendra compte à son retour. (Tabellionage).

Voici un personnage dont le nom ne saurait passer inaperçu, c'est messire Jehan de Verrasené ou de Verrassaine ; ce personnage, qui habitait Dieppe, fut l'un des compagnons de Christophe Colomb dans son voyage aux Indes en l'année 1526. C'est à cause de cela que j'ai recueilli les trois notes qui suivent :

1° « Du 29 septembre 1525, Pierre de Rousselay, marchand à Rouen plège et cautionne messire Jéhan de Verrassaine à l'occasion d'un haro interjeté contre lui par Guillaume Henout, dit Cornecte pour la somme de 95 livres. 2° Les 11 et 12 mai 1526, Jean de Verrasenne, capitaine des navires équipés pour faire le voyage des Indes, établit ses Procureurs Jérôme de Verrasenne, son frère, et Zamotée de

Rousselay, avec pouvoir de recueillir tout ce qui peut être du pour le dit voyage. Et 3° par un acte spécial il donne procuration à Adam Godefroy, bourgeois de Rouen, pour en son nom administrer l'un des dits navires nommé *la Barque de Fécamp*, du port de 90 tonneaux, dont est maître Pierre Caunay, pour faire avec ce navire le voyage aux Indes, y négocier, trafiquer, et rendre compte fidèle au dit de Verasenne, qui lui paiera au retour du voyage 500 livres. Godefroy pourra en outre charger sur la Barque de Fécamp des biens, denrées et marchandises à son profit et à celui de ceux qui seront avec lui. » (Tabellionage.)

1557. — Récit d'une poursuite et d'un combat contre une flotte espagnole jusqu'au Pérou, par deux navires français *la Barbe* et *la Marguerite*, de Dieppe, dont étaient capitaines et victuailleurs Jehan de Montpaley, Tardieu, Michel de Caux et autres. (Arrêt du Parlement, 1er avril 1557.)

1575. — Le navire *la Salamandre* revenait du Pérou chargé de sucres, cuirs et autres marchandises pour une valeur de 50,000 livres lorsqu'il fut attaqué par un navire pillard, équipé en guerre, nommé *le Dauphin*, commandé par Emond de Sahures, lequel, avec ses complices, s'étant rendu maîtres de *la Salamandre* la pillèrent et déprédèrent, et s'en allèrent à Cherbourg et Honfleur, où ils vendirent les marchandises par eux pillées. Cette attaque et ce pillage avaient eu lieu en juillet 1575.

Mais voici qui devient plus curieux et montre un échantillon des mœurs maritimes de ce temps :

Au mois de mai 1576 Michel Durand bourgeois de Rouen, revenait du Pérou sur son navire nommé *la*

*Foudre*, du port de 100 tonneaux, chargé de marchandises diverses, pour une valeur de 50,000 livres, lorsqu'il fut surpris et attaqué par un navire pillard nommé *la Salamandre*, équipé en guerre et commandé par Jehan Huquet son capitaine, lequel avec ses complices, s'en empara et amena le tout aux ports du Hâvre et d'Honfleur pour en faire vente. (Voir deux arrêts du Parlement, 20 décembre 1575 et 13 juillet 1576.)

En janvier 1584, Guillaume Annery, marchand à Rouen, vendit et livra à Jean Bourdon, capitaine du navire *le Dragon* : 50 chemises, 43 coiffes, 54 mouchoirs, le tout en toile blanche; 12 pourpoints en toile de plusieurs couleurs; 12 paires de bas de chausses en creseau de plusieurs couleurs, une pièce de serge de 9 aunes, teinte en cramoisi rouge ; 43 paires de bas de chausses en toile blanche, 2 aunes de drap jaune, une aune de drap vert, avec un bahut pour mettre les dites marchandises, le tout pour porter aux îles et Indes du Perou pour trafiquer. (Tabellionage, 8 juillet 1585.)

En 1586. — Le navire *le Tigre* dont était capitaine Guillaume Malherbe, ayant à son bord un nombreux équipage, revenait chargé de marchandises pour une valeur de plus de 30,000 écus, qu'il rapportait des Indes et du Perou, lorsqu'il fut attaqué, battu et coulé par les Espagnols. Il eut en outre de 70 à 80 hommes tués et noyés. (Parlement, 3 février 1587.)

1595, 23 janvier. — Guillaume du Cazan, écuier, demeurant à Honfleur, capitaine et bourgeois pour le total du navire *la Renommée*, de 60 tonneaux, part pour faire le voyage au Perou, Terre Ferme et autres lieux. (Tabell.)

27 novembre 1595. — Claude de Bazilicat, capitaine du navire *le St André*, de 200 tonneaux, prêt à faire voiles pour le voyage du Perou, emprunte 92 écus à raison de 45 0/0 d'intérets, à cause des risques de mer. (Tabell.)

3 août 1595. — En janvier 1594, Charles Raoul, de Dieppe, capitaine du navire *le St Pol*, faisant route vers le Perou en l'Ile Espagnole, trouva au port de Montecristo un navire nommé *la Demi Lune*, de Ambourg, échoué sur un rocher et chargé de marchandises.

22 septembre 1600. — Pierre Vampenne, marchand à Rouen, paroisse St Sauveur, propriétaire de *dix sept navires*, transporte à Jean Vampenne, son père, marchand à Cologne, tous ses droits sur 8 navires arrivant des Indes Orientales et Molluques, chargés d'épiceries, pour le couvrir des mille écus par lui fournis dans la vieille Compagnie, au second voyage des Indes fait en 1598. Ces navires sont : *le Soleil, la Lune, l'Etoile, le Mauritius, le Henriques, le Frédéricques, l'Espérance* et *la Croix*.

Les 9 autres sont : *le Hollandia, le Frisa, la Transilvanye, le Harlem, l'Amsterdam, le Dordreft, le Delft, le Leyden* et *le Goudes*.

Les quatre premiers étant partis pour les Indes au mois de mai 1590 et les autres le 21 décembre suivant. (Tabell.)

Le 21 juillet 1603, Baptiste Louvel, maître du navire *la Revanche*, en partant pour le Perou, emprunte 350 livres pour radouber son navire.

1613. — Depuis quelques années on n'entendait parler que d'attentats en mer; plusieurs capitaines avec leurs navires s'étaient réunis sous la direction d'un certain Jacques Bar, capitaine du navire l'*Espérance*, et tous, armés en guerre, faisaient le métier de forbans; il était devenu difficile de leur échapper. Cependant en l'année 1613 un dernier attentat les perdit. Jusques là on n'avait pu encore connaître qui étaient ces forbans; leurs déprédations étaient bien vite connues, mais non leurs personnes ni le nom de leurs navires. Une flotte revenant des Indes avait, suivant l'usage. envoyé pour annoncer son retour *sa barque d'avis*. C'était une caravelle; *Bar* et ses complices l'attaquèrent; elle se défendit vaillamment et pendant longtemps, si bien que le vent ayant porté vers le gros de la flotte le bruit de l'artillerie, elle doubla ses voiles et arriva sur le navire forban juste à temps pour le reconnaître, mais trop tard pour sauver la caravelle qu'elle vit emmener et qu'elle perdit bientôt de vue. Le nom de Bar et celui de son navire *l'Éspérance* furent promptement dénoncés à la justice et le 2 octobre 1613, dans un long arrêt où les méfaits de Bar sont énumérés, le Parlement se saisit de l'affaire et en commença l'instruction. Des arrêts nombreux suivirent celui-là; mais, chose étrange. le parquet ne jugea pas à propos d'en saisir la justice criminelle. Le procès s'engagea seulement au civil entre les déprédés d'une part et Bar et ses complices de l'autre. Les déprédés justifiaient d'un préjudice de 28,000 livres et en demandaient le paiement; mais Bar usa de tels moyens et de tels arguments qu'il fut délié de l'action et ne fut condamné qu'aux frais du procès. (2 octobre, 15 novembre, 4 décembre 1613, 9, 11 janvier. 30 mai 1614 *et 29 juillet* 1617.)

11

**De 1616 à 1670. — Compagnie des Indes orientales.**
— Le 19 mars 1616, Jacques Muisson, Henry Carrelier, Simon Lemaitre et Augustin de Beaulieu, tous marchands de Rouen et associés aux compagnies de Paris, Lion et autres, aux voyages des Indes orientales, donnent pouvoir à Jean Guiot et à Jacques de Beaulieu, aussi marchands à Rouen et associés en la dite compagnie, de traiter avec les autres associés qui sont à Paris.

17 février 1618. — Enregistrement de lettres-patentes autorisant Jacques Muisson et Ezéchiel Decaen à former une association pour la navigation aux Indes orientales.

3 octobre 1620. — Jacques Muisson, administrateur du voyage des Indes orientales, donne pouvoir à Simon Eustache de poursuivre plusieurs matelots du Hâvre et d'Honfleur, débiteurs envers lui des deniers qu'ils ont reçus pour le voyage des Indes orientales.

9 avril 1622. — Requête présentée au Parlement par les associés, en ce royaume, à la navigation des Indes orientales pour leur être permis d'*user d'arrêts sur les navires, biens et marchandises* des Hollandais et Zélandais. — Rejetée jusqu'à ce qu'on ait fait connaître les noms de tous les associés (Parlement. R.S.)

16 avril 1622. — Long récit de toutes les vexations que les associés de la Navigation aux Indes orientales ont à subir de la part des Hollandais et Zélandais, *très curieux*. (Arrêt du Parlement.)

1er juillet 1625. — Augustin de Beaulieu, capitaine entretenu par le Roi en la marine du Ponant et ci-devant général de la flotte, partie en 1619 pour les

Indes orientales contre Simon Lemaître, tuteur des enfants mineurs de feu Jacques Muisson, en son vivant administrateur de ladite flotte. (Arrêt du Parlement.)

Trois navires français : le *Henry-François*, capitaine Charles Barré, de Dieppe ; *Le François*, capitaine Gédéon Jean, du Hàvre. et la *Notre-Dame-des-Anges*, capitaine Alonce Poitou, de Croisset, chargés de grande quantité de marchandises de la valeur de 000,000 livres, sont pris en mer par les Anglais. Mais l'arrêt du Parlement (20 octobre 1626), qui constate ce fait, ne fournit aucun autre renseignement.

22 mai 1670. — Rapport de mer-amirauté du Hàvre. — Pierre Cornet de la Tremblade, maître du navire *la Vierge*, de 150 tonneaux, appartenant à la Compagnie des Indes orientales, rapporte : Qu'il partit de Nantes, le 10 décembre 1669. comme maître des matelots de *la Vierge*, qui était alors commandé par le capitaine Seguin, pour les *Iles de l'Amérique* où il arriva le 4 février 1670. Le capitaine Seguin étant décédé en l'île de la Tortue, ledit Cornet prit le commandement ; il partit de cette île le 29 mars et arriva hier au Hàvre.

*Abraham Duquesne* (le père), 9 avril 1617. — Abraham Duquesne et autres victuaillers du navire commandé par Nicolas Lebon, ayant pris le voyage au cap de Bonne-Espérance. (Arrêt du Parlement.)

Parlement. — 30 mai 1618. — Abraham Duquesne, Salomon Leseigneur, Nicolas Tuault et joints, intéressés au navire *Le François*, ayant fait voyage au cap de Bonne-Espérance, contre Nicolas Lebon, capitaine dudit navire, désavouent les prises faites par ce capitaine et y renoncent. — Longs détails. — Autres des 7 et 30 août et 7 décembre 1618.

Tabell. 3 mai 1619. — André Nyvereq, capitaine du navire le *Saint-André*, de 80 tonneaux, en partant pour les Indes orientales, emprunte 300 livres qu'il remboursera à son retour par 450 livres, et le 5 mai, il emprunte encore 200 livres qu'il remboursera par 300 livres.

Tabell. 10 juillet 1646. — David Le Baillif. marchand à Rouen, et Simon Delapierre, son neveu, de présent à Rouen, de retour des îles Saint-Christophe-la-Martinique, avaient formé une société dès le 10 janvier 1639 pour l'achat du petun (tabac). Après compte fait, ils constatent une perte de 1,472 livres de petun ; en plus, 600 livres fournies par Le Baillif pour acheter des neigres propres à l'habitation. La perte en argent est de 160 livres 2 solz. Il reste aux île 41,519 livres de petun, plus une habitation, maison et case, trois neigres, plusieurs hommes et des ustensiles. Le Baillif déclare qu'il se retire de la société, mais il est convenu qu'en cas de décès de Delapierre, tout l'établissement des Iles appartiendra à Le Baillif.

15 juin 1652. arrêt du Parlement — Les intéressés en la Compagnie du *Cap du Nord*. côtes de l'Amérique, demandent que suivant les concessions à eux accordées par Louis XIII. de la terre du cap Nord, depuis la rivière des Amazonnes jusqu'à celle de Ocresnoque et icelle comprise, dont ils auraient pris possession, et se seraient logés en plusieur endroits pour y faire des colonies, y planter la foy, etc., ils auraient dépensé plus de *deux cent mille livres*. et,

sans s'être laissé décourager par les malheurs qui leur sont arrivés, ils ont résolu de faire leur principale colonie dans l'Ile de *Cayenne* où ils ont nombre de Français, *religieux capucins*, des vivres et des marchandises... *(Bons détails.)*

4 février 1659. — Arrêt du Parlement. — Les armateurs des navires le *Saint-Jean*, du port de 400 tonneaux, le *Florissant*, du port de 200 tonneaux et le *Saint-Louis*, aussi de 200 tonneaux, tous de la compagnie du Sénégal et de Madère, contre Terée. Vandal et autres. (Bons détails.)

28 janvier 1719. — Parlement. — Lettres de noblesse pour : 1° *Jacques Duval Desprémenil,* 2° *François Planterose,* 3° *Joseph Morin.* 4° *Thomas Planterose,* pour services rendus au commerce et à la compagnie du Sénégal et du Cap Vert.

### CANARIES. ILES DE LA PALME. ETC.

Tabellionage. 9 mai 1536. — « Jean de Conihout, « maître d'une nef nommée la *Saint-Jacques*, de 65 « tonneaux, affrette cette nef à André de Malvende, « marchand à Rouen, lequel s'oblige à partir au « premier temps convenable du quai de Rouen jus- « qu'à Calix. d'où il partira six jours après son arri- « vée, s'il lui est commandé par les facteurs, pour « *la grande Canarie,* où il prendra sa pleine charge « et reviendra décharger à Rouen. Et lui sera payé « sept livres dix solz de fret pour chaque tonneau « de marchandises qu'il rapportera de Calix (sic), ou « de Leppe.

« Et s'il rapporte de la laine, il aura quarante solz
« par balle. Et s'il va à la *Grande Canarie* il aura dix
« livres de fret par tonneau de marchandises qu'il
« en rapportera.

« Et avec ce trente cinq livres pour ses chausses
« s'il ne va qu'à Calix et s'il va à la grande Canarie,
« il aura quarante livres pour ses dites chausses.

« Il devra avoir sur sa dite nef 14 hommes et un
« page, 2 passevolants, 6 berches, de la poudre et
« des boulets à l'avenant. »

J'ai donné le texte complet de ce contrat d'affrètement comme type, parce que tous sont rédigés dans la même forme.

Tabellionage 3 juillet 1546. — Jean Hemelin, demeurant à Rouen, maître après Dieu d'une nef appelée *la Marguerite*, du port de 200 tonneaux, appareillée pour faire voyage à Calix et dudit lieu *en Canarie* et de Canarie revenir à Rouen, emprunte à la grosse aventure 208 livres qu'il rendra au prêteur avec 50 livres pour le profit du prêt.

18 août 1580. — Nicolas Billart dit La Roche, de Quillebeuf, maître et bourgeois du navire la *Catherine*, de 80 tonneaux, affrète son navire à Pierre Lefebvre dit Lubin, pour aller aux *Grandes Canaries* et île de Tenerif.

16 septembre 1581. — Guillaume Lejeune affrète son navire nommé l'*Occasion*, du port de 55 tonneaux, à Thomas Porée, marchand à Saint-Màlo, pour porter des marchandises tant à l'île de la Palme qu'aux îles de Canarie et Tenerif.

13 janvier 1582. — Jehan Allen, demeurant à Quillebeuf, maître du navire *Bon-Espoir*, de 45 tonneaux,

affrète son navire à Michel Mariage, pour faire voyage aux grandes Canaries, à l'île de Tenerif et à l'île de la Palme. Il aura dix hommes d'équipage et deux pages, avec armes et munitions à l'équipolent.

28 août 1584. — Jean Beaudouin, bourgeois de Rouen, donne pouvoir à Jean de Moy, *demeurant à présent aux Iles de Canarie*, de faire rendre compte à Paul Regnault, né à Rouen, de présent aux îles de Canarie, des marchandises que Baudouin lui avait envoyées en octobre 1579, à savoir, sur le navire *l'Espérance,* capitaine François de Neville, dit Gendarme ; en juin 1580, par le navire *Le Coing,* capitaine Nicolas Buisson, pour décharger en l'île de Tenerife ; en février 1581, sur le navire *la Nanette,* capitaine Michel Delamarre.

Arrêt du Parlement. — Michel Mariage, bourgeois de Rouen, avait envoyé en 1582, aux îles de Canarie un navire nommé *La Pensée*, lequel fut perdu en mer et déprédé avec son chargement. (19 mars 1584.)

Tabellionage, 20 novembre 1584. — Jacques de Vaulx, cosmographe et pilote, entretenu par le Roy en sa marine, reçoit de Mathurin Le Beau, trésorier général de la marine, 50 écus d'or soleil, à lui ordonnés par Mgr de Joyeuse, pour le voyage qu'il va faire, suivant le vouloir de Sa Majesté, aux Amazones, dans le navire du capitaine *Pontpierre*, et, *ce en intention que le dit de Vaulx puisse rapporter per écrit du dit pays, tant par carte que autrement, des moyens et commerce d'iceluy pays.*

12 octobre 1585. — Nicolas Billart dit La Roche de Quillebeuf, maître du navire nommé le *Benvouloir*, du

port de 100 tonneaux, affrète ce navire à Laurent Reboullado, pour aller aux grandes Canaries, revenir par l'île de la Palme et faire retour à Rouen, chargé de sucre et autres marchandises.

5 novembre 1585. — Adrien Diricson, maître du navire *le Jonas*, de 75 tonneaux affrete son navire pour faire voyage à l'île de la Palme et au port de Sainte-Croix, lequel sera équipé de 18 mariniers, 6 pièces de Breteuil, 4 pierriers, arquebuses, picques, demi-picques, poudres, boulets, etc., et ce moyennant onze écus deux tiers pour fret de chaque tonneau de marchandises, le tonneau ainsi réglé : quatre caisses de sucre pour un tonneau, huit demi-caisses pour un tonneau, deux pipes pour un tonneau, trois ponsons pour un tonneau, vingt-deux quintalles de brésil pesant pour un tonneau, et quatre quarteaux pour un tonneau.

Avec 50 écus d'or pour le vin.

3 octobre 1586. — François Gabot, demeurant à Dieppe, maître du navire *le Soleil*, du port de cent tonneaux, affrete son navire à Michel Mariage, marchand à Rouen, pour prendre son plein chargement et partir bien équipé de 30 hommes et deux grands pages, avec leurs arquebuses, poudres, boulets, et cingler en droite route aux îles de la grande Canarie, Ténérife et la Palme, et aux dits lieux décharger ses marchandises et recevoir celles qui lui seront baillées ; sans pouvoir séjourner plus de 70 jours, sans compter les jours d'arrivée et de partement. Et ce moyennant quatorze écus dix solz pour le fret de chaque tonneau de marchandises. Le dit Mariage ne pourra mettre au dit navire plus de cent cinquante-

deux milliers au poids de la vicomté. Il sera, en outre du fret, payé 75 écus d'or soleil pour pot de vin et chausses du dit capitaine.

12 janvier 1587. — Pierre Morleau, des Sables d'Olonne, maître du navire *la Louyse*, du port de 100 tonneaux, affrete son navire à Michel Mariage, marchand à Rouen, et s'oblige à le lui livrer appareillé, bien radoubé, muni et équipé de victuailles et de toutes choses généralement quelconques pour le jour de Chandeleur prochain, pour après avoir reçu du dit Mariage son plein chargement, partir et cingler en droite route à l'île de la grande Canarie, y décharger ses marchandises, y charger celles qui lui seront données par les facteurs du dit Mariage, puis cingler jusqu'à l'île de Ténérife, y décharger, y reprendre d'autres marchandises et faire semblable à l'île de la Palme, prendre là son chargement et revenir, après avoir séjourné aux dites trois îles 75 jours. Le tout avec 30 hommes d'équipage, deux pages, bien armés et équipés d'arquebuses et munitions de guerre, six pièces en fonte, trois doubles berches, deux petits fauconneaux, un petit mousquetaire en fonte, moyennant quinze écus un tiers de fret pour chaque tonneau de marchandises.

22 août 1594. — Georges Deshayes, maître du navire *la Marye*, de 75 tonneaux, affrete son navire à honnête femme, *Laure Fillastre, veuve de Michel Mariage* pour faire long voyage aux îles des Grandes-Canaries, de la Palme, Ténérife et autres.

19 septembre 1603. — Guillaume Dubusc, maître du navire *l'Arbre d'Or*, du port de 95 tonneaux, affrete son navire à Ézechiel de Caen, pour porter des mar-

chandises aux îles de Canarie, de Ténérife, de la Palme et Grandes-Canaries.

4 décembre 1609. — Nicolas Charrier, des Sables-d'Olonne, maître du navire *le Royal*, de 60 tonneaux, affrete son navire à Guillaume Fauter, marchand à Rouen, pour partir dans deux jours avec plein chargement et aller à Ténérife, l'une des îles des Canaries, équipé de 14 hommes, 4 canons et 2 pierriers.

17 mars 1615. — Étienne Postel, demeurant à Dieppe, maître du navire *la Sainte-Rose*, arrivé du 15 mars, venant des Canaries, île de la Palme, chargé de riz, de laines et sucres qui lui avaient été baillés par Nicolas Massieu.

Ici se termine l'analyse de mes notes sur la marine normande et sur le commerce rouennais; j'aurais pu en augmenter l'intérêt en cherchant à rattacher ces notes à des faits historiques contemporains, à des capitaines, à des voyageurs ou à des évéments maritimes célèbres. Mais, en agissant ainsi, j'aurais paru vouloir écrire des pages d'histoire, alors que mon but unique n'a jamais été que d'essayer de venir en aide aux écrivains versés dans l'étude des questions historiques de la marine et du commerce, en leur fournissant des documents inédits et authentiques dont ils pourront vérifier l'exactitude en se reportant aux sources que je me suis efforcé d'indiquer avec leurs dates.

Ces sources sont les archives du Parlement de Normandie et le Tabellionage de Rouen, et toutes les fois que je me suis borné à donner *la date d'un acte*

sans indiquer s'il est du Parlement ou du Tabellionage, c'est au Tabellionage qu'il faudra le chercher.

Je sais qu'on pourra me reprocher bien des négli-
gences et même une certaine confusion dans le
classement des notes, mais dans l'état présent de ma
santé, désireux de ne pas laisser perdre le résultat
de très longues recherches, j'ai fait de mon mieux,
avec l'espoir que l'on me tiendra compte de ce que
j'ai été réduit à écrire cette analyse étant dans mon
lit depuis plus d'une année.

# TABLE SOMMAIRE

DES

## Principales Matières contenues dans l'ouvrage.

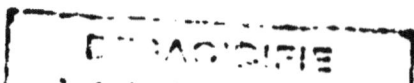

Rouen. — Imp. E. Boissel.